미국 SAT 스타강사 **알버트 쌤**의

미국식 찐 영어

미국 SAT 스타강사 **알버트 쌤**의

미국식 찐 영어

이진구 지음

맥스media

이 책에서 제시한 영어 학습법,

생활 태도, 마음가짐, 도전 거리 등

그 무엇이든 간에 당신의 삶에

도움이 되기를 진심으로 바란다.

프롤로그

영어를 잘하고 싶은 당신에게

한국에는 영어를 잘하고 싶은 수많은 2030 청년들이 있다. 그들은 영어를 잘하고 싶어서 자신의 젊음, 시간, 돈 등을 투자해서 어떻게든 영어권 나라에서 영어 공부를 하고자 한다. 미국 혹은 영어권 나라에 일단 가서 하루하루 지내다 보면 자연스럽게 영어가 들리기 시작하고, 현지 네이티브들과 영어로 대화할 기회를 충분히 가질 수 있고, 멋진 영어 문장들을 배우고 직접 말할 수 있게 될 것이라고 '착각'하기 때문이다. "그래, 미국으로 가야 영어가 늘지!"라는 생각으로 셀 수 없이 많은 청년들이 '제대로 된 준비 없이' '영어 잘하기'라는 목표를 가지고 미국 유학에 자신의 모든 것을 투자한다. 나 또한 그랬다.

나는 스물다섯 살이 될 때까지 단 한 번도 영어권 나라에서 살아본 적이 없다. 12년간의 공교육을 한국에서 받았으며, 심지어 영어라는 과목은 중학교 때 처음 배우기 시작했고, 수능 영어 때문에 원하는 대학에 가지 못했다. 하지만 스물다섯 살에 미국으로 떠날 당시, 나름 내 기준으로는 '제대로 된 준비 없이'는 아니었다고 생각했지만, 지난 10년 동안 내가 현지에서 겪었던 것을 되돌아보니 "나 또한 그랬다"라고 고백하지 않을 수 없었다.

대한민국에서 태어나서 자랐고, 스무 살이 넘도록 영어권 나라에서 살지 않았으며, 뒤늦게 미국으로 유학을 가서 '영어 잘하기'의 목표를 달성한 '누군가'는 분명히 있다. 그런데 그 누군가가 내가 미국으로 유학 가기 전, 나의 멘토가 되어주었다면 어떠했을까? 아니, 단 몇 시간만이라도 그 사람이 미국에서 겪었던 삶의 이야기와 시행착오, 목표를 성공적으로 달성하기 위한 팁 등을 나에게 알려주었다면 지금의 내 삶은 어떠했을까?

이 책은 단순한 영어 교육 책이 아니다. 이 책은 나처럼 20대 이후에 미국 혹은 영어권 나라에 가서 영어 잘하기 목표를 달성하고자 하는 청년들에게 조금이나마 도움을 주고자 쓴 책이다. 가족이나 친구들, 주변에 지인들이 영어권 나라에 유학을 간다는 말이 들려온다면 서슴없이 읽어보라고 추천하거나 선물로 주는 그런 책이다. 더 나아가, 비록 지금은 유학 가서 영어를 배울 순 없을지라도 유학 생활을 간접 경험하고자 하는 한국 토박이들에게 삶의 인사이트와 새로운 도전을 주는 책이기를 바란다.

스물다섯 살이라는 나이에 미국에 온 토종 한국인인 내가 최근 몇 년간 미국에서 가장 많이 들었던 말은 "진짜 스물다섯 살에 미국에 오셨다고요?"였다. 미국에서 만난 한국인들은 나의 영어 실력에 감탄했고 심지어 내가 가르치는 미국인 학생들도 내가 늦은 나이에 미국에 와서 영어를 정복하고 자신들의 영어 교사가 되었다는 이 사실을 믿으려 하지 않았다. 적어도 어린 시절에 영어권 나라에서 공부했던 경험이 있을 것이라 추측했을 것이다.

나는 미국 대학교에서 차석, 대학원에서 과 수석으로 졸업했다. 졸업 후에는 미국 공립 학교 선생님을 했고 미국 대학교에서 대학생과 대학원생 들에게 영어 글쓰기를 가르치고 자신들의 글쓰기 과제나 논문을 첨삭해주는 전문가로 일했다. 현재는 미국인, 한인 2세, 나아가 미국 유학 중이거나 유학 예정인 한국 고등학생들에게 대학 입시 시험SAT, ACT을 가르치고 성공적인 학교 생활을 코칭해주는 영어 교육 전문가로서 일하고 있다. 그 모든 경험을 이 책에 담았다. 나도 이제는 영어 잘하기의 목표를 이룬 누군가가 되었고, 스물다섯 그때의 내가 세웠던 목표를 향해 달려가는 당신을 위해 나의 지식과 경험을 나누고자 이 책을 쓴 것이다.

끝으로, “이웃을 위해 살아야 해”라고 항상 말씀하시며 내가 공부하고 경험하는 모든 것이 내 이웃에게 선한 것을 나누기 위함임을 늘 상기시켜주신 존경하는 부모님과, 두 아이의 엄마이자 미국 공립 학교 수학 선생님으로 일하며 대학원까지 끝마친 1인 3역 팔방미인인 사랑하는 아내에게, 그리고 미국에서 공부하고 멋진 삶을 살아낼 수 있도록 도움을 주셨던 모든 분께, 모든 것이 합력해 선을 이루게 하신 하늘 아버지 되시는 하나님께 진심으로 감사의 마음을 드린다.

2021년 2월

이진구

CONTENTS

CHAPTER 2 영어에 날개를 달다 61

CHAPTER 4 미국인스러운 영어에 도전하다 177

CHAPTER 5 영어가 잡히고 인생이 바뀌다 213

나의 특별함은

언어와 연결되어 있다는 것과, 내가 가장 잘하면서 좋아하는 일은
아이러니하게도 내가 가장 못 했던 영어를
누군가에게 잘 가르쳐주는 일임을 깨달았다.
이전의 나처럼 영어 때문에 힘들어하는 사람들에게
누구보다도 알기 쉽게 영어를 가르치는 사람이 되기로 다짐했다.

CHAPTER 1

영어의 세계로 들어가다

스물다섯에 미국으로 건너가 지난 10년 동안 미국에서 지낸 나는 미국인의 영어를 가르치는 영어 전문가가 되었다. 미국인 및 한인 2세 학생들을 위한 미국 대학 입시 영어 강의 의뢰가 끊이지 않고, 또한 한국에서 미국 유학을 준비하는 예비 유학생들을 위해 토플 강의 및 유학 컨설팅도 하고 있다. 나의 성공적인 미국 유학기를 바탕으로 스무 살이 넘은 한국 청년들에게 효과적인 영어 공부법을 소개하는 책을 출간할 기회까지 주어졌다. 10년 전 한국에 살던 나는 별 볼 일 없는 스물다섯의 영알못 실패자일 뿐이었는데, 지금 현재 내 모습은 내가 보아도 그저 기적 같다.

영어 때문에 내 인생 또 망했어!

2004년 11월 17일, 수능을 보고 나온 후 직감했다. '영어, 너 때문에 내 인생 망했어.' 그럼에도 불구하고 수학을 잘했던 나는 외국어(영어)영역 하나 망쳤을 뿐이니, 목표한 대학은 갈 수 있을 것이라며 자신을 위로했다. 몇 주 후에 수능 성적이 나왔다. 수리영역 1등급, 외국어영역 4등급. 망쳐도 너무 망쳤다.

친구들이 대학교에 입학해서 캠퍼스 생활을 멋지게 즐기는 동안 나는 재수학원에 앉아 있었다. 목표는 단 하나, '영어 성적 올리기'였다. 매일 아침 5시에 일어나 전철을 타고 재수학원으로 향했고 유명 강사의 강의를 섭렵하며 영어 공부에 전념했다. '왜 나는 중·고등학교 때 영어를 포기해서 원하는 대학도 떨어지고 이곳에 있는 것인가' 한탄하기도 했지만, 이번만큼은 최선을 다해 영어 성적을 올려서 목표한 대학에 입학해야겠다고 다짐했다. 정말이지, 내내 영어만 공부했다.

드디어 그날이 왔다. 2005년 11월 16일. 내 인생 두 번째 수능을 본

후에 나는 또 직감했다. '영어, 너 때문에 내 인생 또 망했어.' 성적은 올랐지만, 꿈의 학교에 갈 수 있을 만큼은 아니었다. '1년을 오로지 영어에만 쏟아부었는데…….' 처음 겪었던 좌절보다 더 큰 좌절감이 몰려왔다. '영어'란 단지 수많은 외국어 중 하나일 뿐인데…… 그런데 바로 '그놈'이 내 자존감과 내 꿈, 내 인생을 철저히 무너뜨리고 있었다. 내가 얼마나 그곳에 가고 싶어 했는지 잘 알고 계셨던 부모님은 삼수도 지원해주겠다고 하셨지만 더 이상 자신이 없었다. 영어 때문에 인생의 또 다른 1년을 허비하고 싶지 않았다.

지금 생각해보면 왜 그렇게 한 학교만 고집했을까 싶지만, 당시에는 내 전부를 걸더라도 꼭 이루어내고 싶었던 목표이자 꿈이었다. 영어 때문에 꿈을 2번이나 포기하게 되니까 영어는 나에게 '애증'의 존재가 되었다. 20년 내 인생에서 가장 큰 실패를 안겨준 존재였다.

하지만 그로부터 15여 년이 지난 지금, 가장 힘들고 어려운 시절을 보냈던 바로 그 이야기가 나의 첫 성공 스토리가 되었다. 내 이야기를 들은 사람들은 한결같이 믿을 수 없다는 반응이다. 영어를 못해서 2번이나 입시에 실패했던 내가 어떻게 미국인을 가르치는 영어 교사가 되었고, 어떻게 미국인의 대학 입시인 SAT[Scholastic Aptitude Test](대학 입학 자격시험)와 ACT[American College Test](대학 입학 학력고사) 영어를 가르치는 스타강사가 되었는지 이해하기 어렵기 때문이다. 지금부터 그 이야기를 풀어놓겠다. 영어 때문에 겪었던 좌절감과 상처를 똑같이 안고 있을 누군가에게 작은 희망과 도움이 되기를 바라는 마음에서다.

외국어 공부의 기본 자세를 깨우치다

재수 기간에 했던 영어 공부가 내 영어 실력을 빠르게 향상시키는 데 밑거름이 되어주리라는 것을 그때는 전혀 알지 못했다. 입시 낙오자가 된 나에게는 삼수 혹은 중국 유학, 이 2가지 옵션이 있었다.

미국 유학을 생각해보지 않았던 것은 아니지만, 그 당시 집안 사정으로는 미국 유학을 갈 형편은 못되었다. 아버지는 중국에서 대학을 다녀보는 것이 어떻겠냐며 친한 동생이 있는 청도(칭다오)에 한번 가보라고 권유하셨다. 한자라고는 내 이름 석 자밖에 몰랐지만 수능 공부를 한 번 더 하느니 중국에 가는 것이 낫겠다 싶었다. 솔직히 말해서 중국은 '삼수를 해서 또 실패하면 어쩌나' 하는 두려움으로 선택한 일종의 '도피처'였다. 하지만 단순히 도피처라고만 생각했던 그곳에서 나는 외국어를 단기간에 효과적으로 배우고 습득하는 방법을 깨우치게 된다.

2006년 2월, 중국행 비행기를 탔다. 중국 소재 대학에 외국인이 입학할 수 있는 방법은 2가지였다.

첫 번째는 HSK라는 중국어 시험에 응시하는 것이다. HSK漢語水平考試(표준중국어가 모국어가 아닌 사람의 중국어 실력을 평가하기 위한 국제 중국어 시험)는 영어 시험인 토플Test of English as a Foreign Language(대학 수준의 영어를 사용하고 이해할 수 있는 능력을 평가하는 시험)과 비슷한 중국어 시험인데, 외국인의 경우 HSK에 응시해 일정 수준의 등급을 넘으면 현지 중국인과 동일하게 입학할 수 있는 자격이 주어진다.

두 번째는 대학교에 있는 중국어 어학연수 프로그램의 모든 과정을 이수한 후에 정식으로 입학하는 방법이었다. 나는 HSK를 준비할 시간도 없이 도망 오듯 중국으로 왔던 터라, 3월부터 시작해 4개월간의 어학연수 프로그램을 이수하고 9월부터 대학교에 정식으로 입학하는 두 번째 방법을 선택했다.

중국어라고는 "니하오"밖에 몰랐던 나였지만 새로운 언어를 배우는 나의 태도와 각오는 남달랐다. 외국어 때문에 맛본 좌절감과 실패는 내가 한국에서 이미 겪은 2번의 뼈아픈 경험으로도 충분했다고 여겼기 때문이다. 중국에서의 첫 목표는 나에게 주어진 시간 동안 중국어 연수를 성공적으로 끝내는 것이었다. 그러기 위해 내가 취한 방법은 중국에서 오랜 기간 선교를 하셨던 지인들에게 '중국어 습득'에 대한 노하우를 듣고 적용하는 것이었다. 그분들은 이미 중국에서 10년 이상 계셨고 나와 동일하게 20대 이후에 중국어를 배우고 현지에서 생활하시는 분들이기에, 그분들께 조언을 받는다면 중국 유학 생활에서 많을 것을 얻을 수 있을 거라는 확신이 있었다.

선교사님들의 의견을 종합해보니 3가지로 간추려졌다.

첫 번째는, "중국인 친구를 한 명이라도 제대로 만들어라"였다. 고향을 떠나 타지에서 독립해서 사는 중국인들이 많다 보니 낯선 사람에 대한 경계심과 불신이 상당한 중국에서는 지구촌 어느 나라보다도 '친구 사귀기'가 특별히 더 어려울 것이지만, 딱 한 명의 친구라도 제대로 사귀게 된다면 그 친구는 나를 위해 헌신하며 많은 것을 도와줄 것이라고 말씀하셨다. 중국인 친구가 본인의 고향집까지 나를 초대해 함께 시간을 보낸다면, 그것이야말로 경계심과 불신을 깨고 진정한 친구 관계가 된 의미라고 하셨다.

두 번째는, "그날 배운 단어와 표현은 무슨 일이 있어도 중국인 친구에게 발음 교정을 받고, 정확한 발음으로 계속해서 연습하고, 실제 의사소통에 문제가 없는지 현지 중국인에게 써보라"는 것이었다. 중국어의 대표적 특성인 성조(음의 높낮이)로 인해 조금만 발음을 달리하면 완전히 다른 뜻으로 의미가 바뀌는 일이 허다하기 때문에 현지인의 발음 교정을 특별히 강조하셨다.

세 번째는 "중국어 말하기와 듣기가 어느 정도 편해졌다면 중국어책을 읽으면서 한문과 친해지고 책 속에서 배울 수 있는 다양한 표현들을 습득하라"였다.

다행히도 2006년 중국에는 어마어마한 한류 열풍이 불었기에, 중국 젊은이들 사이에서 한국과 한국인에 관한 관심이 높아졌고, 나는 비교적 쉽게 중국인 친구들을 사귈 수 있었다. 당시 청도에 처음으로 스타벅스가 생겼는데, 나는 중국 한인 선교사님들이 전수해주신 3가지 노하우를 내 것으로 만들기 위해 스타벅스에서 일하는 직원들을 친구들로 만들기로 결심했고, 대학교에서 중국어 수업이 끝나자마자 점심을 먹고 하루도 빠짐없이 스타벅스로 향했다. 스타벅스가 미국 기업인지라 모든 직원들이 영어 닉네임을 썼는데, 직원들 중 핸슨과 써니와 특별히 친해졌다. 처음에는 짧은 중국어로 서로의 이름을 물어보는 것으로 시작했었는데, 나중에는 그들의 마감 시간까지 함께 하며 뒷정리를 도와주고 함께 퇴근할 정도로 많이 친해졌다.

4개월 동안 하루도 빠짐없이 중국어 수업 시간에 배웠던 단어와 문장 표현 들을 핸슨과 써니에게 발음 교정을 받고 정확한 발음을 배워서 연습, 또 연습을 반복했다. 스타벅스 직원도 아닌데 매일같이 출근 도장을 찍고 함께 퇴근하다 보니 결국 모든 직원들과 친구가 되었고, 중국어를 못 하는 한국인 손님들이 오면 대신 통역해줄 정도로 내 중국어 실력은 빠르게 향상하고 있었다. 스타벅스 직원 크리스마스 파티의 사회자가 되어 중국어로 다양한 이벤트를 준비하고 진행할 정도가 되었고, 핸슨의 고향집에도 초대를 받아서 핸슨과 내가 '찐친구'가 되었다는 것이 증명되었다.

그렇게 6개월 정도가 지나니, 그들의 고민을 들어주고 상담해주는 수준까지 내 중국어 실력이 향상되어 있었고, 중국어 말하기와 듣기는 더 이상 그리 큰 어려움이 아니라고 느껴졌다. 이로써 중국어 연수 프로그램을 성공적으로 이수하고 그해 9월에 중국 해양대학교 국제무역학과에 입학하게 되었다. 이전에 선교사님들이 해주셨던 조언대로 중국어 말하기와 듣기가 편해지니 이제는 책과의 싸움이 시작되었다. 대학에서 본격적으로 중국어 강의를 들으며 중국어로 된 원서를 많이 읽고 내가 쓸 수 있는 표현을 늘리는 것에 집중했다. 담당 교수님께서는 나의 중국어 실력을 보시고는 매 학기 새로 입학하는 한국인 유학생들의 멘토가 되어 어떻게 하면 중국어를 단기간에 쉽게 배우고, 중국 생활에 잘 적응할 수 있을지에 대한 강의를 할 수 있도록 기회를 주셨다.

강의에서 한국인 유학생들에게 전했던 팁은 크게 3가지였다. 이 팁들은 내가 스물다섯 살에 미국 유학을 가서 영어를 단기간에 효과적으로 습득하고 실력을 향상하는 데도 동일하게 적용한 꿀팁이다.

언어가 서툴다고 '을'이 되지 말라

내가 유학 초반에 가지고 있었던 잘못된 생각들이 있었다. 현지에서 친구를 사귀는 목적을 오로지 '언어를 배우는 수단'으로 생각했다는 것과, 내가 그들의 언어를 배우러 온 입장이기에 어찌 되었든 그들이 '갑'이고 나는 '을'이라 여겨 그들에게 항상 수동적인 자세를 취한 것이었다. 하지만 중국과 미국에서 많은 현지인 친구들을 사귀게 되면서 이러한 잘못된 생각들이 로컬 프렌즈local friends를 사귀고 좋은 관계를 유지하는 데 얼마나 방해되는지를 알게 되었다.

일단 친구가 되면 관계적인 측면에서 그들도 나와 동등한 위치에 있으니 언어가 좀 서툴다고 해서 주눅들지 말아야 한다. 그들도 나와 마찬가지로 삶을 함께 나눌 좋은 친구를 필요로 한다는 믿음을 가지고, 말이 좀 어눌하더라도 자신 있게 대화를 시도하며 서로를 알아가고 친밀한 관계를 유지하는 것이 중요하다.

나부터 그들에게 좋은 친구가 되고자 노력하면 그들 역시 나의 좋은 친구가 되기 위해, 나의 부족한 언어 실력을 보다 적극적이고 자발적으로 보완해준다는 것을 나는 중국 유학뿐만 아니라 미국에서 지낸 지난 10년 동안 뼈저리게 경험했다.

2 STRATEGY

문법 예시 문장을 통째로 암기하라

외국어 회화를 할 때는 문법이 그다지 중요하지 않다고 여기는 사람들을 만날 때마다, 문법이야말로 내가 표현하고자 하는 말을 가장 정확하게 표현할 수 있도록 돕는 것이라 강조해왔다. 스무 살이 넘어서 외국으로 건너가 현지 언어를 배우는 분들이 가장 먼저 해야 할 것은, '문법을 정확히 습득하고 그 문법과 관련된 예시 문장을 통째로 암기하기'다. 나는 중국어 어학연수를 하면서 문법을 배울 때마다 관련 예문들을 암기해 현지 친구들에게 직접 말해보고, 문법을 지키되 단어만 다양하게 바꾸어가며 응용했다.

미국 유학을 준비할 때에는 재수할 때 했던 영문법 공부를 기반으로 여러 문법책을 섭렵했다. 문법을 정확히 이해하고 암기한 예문들을 계속 응용하며 반복하다 보니 더욱더 자신감을 갖고 말할 수 있었으며 내가 표현하고자 하는 문장에도 알고 있는 문법을 다양하게 활용할 수 있었다.

성인이 되어 중국 또는 영어권 나라로 유학 가서 공부하고자 하는 친구들에게 내가 꼭 하는 말이 있다.

"문법 제대로 공부해야 해! 그래야 제대로 듣고, 제대로 말할 수 있어."

스펀지와 같은 흡수력을 지닌 어린아이들이 외국어를 무작정 듣고 따라 말하며 습득하는 학습 방법을 스무 살이 넘은 어른들이 자신들의 외국어 학습법에 적용하면서 "왜 나는 안 되지?" 하며 좌절하는 분들을 의외로 많이 보았다. 시작이 잘못되었을 뿐, 이제라도 문법 공부를 정확하게 하고 그와 관련한 표현들을 외워서 직접 입으로 말해보고 반복적으로 응용하고 활용한다면 당신도 내가 느끼는 것처럼 듣기, 말하기, 읽기, 쓰기 중에 가장 쉬운 것은 '말하기'라고 느끼게 될 것이다.

Tip

진짜 유용했던 영문법 Top 7

1. 품사와 문장 구조

영어와 한국어의 문장 구조는 엄연히 다르다. 동사의 종류에 따라 분류되는 5가지 형식의 문장 구조와 품사 8개의 역할(명사, 대명사, 동사, 형용사, 부사, 전치사, 접속사, 감탄사)을 잘 익혀야 영어로 쓰거나 말할 때 정확한 문장을 사용할 수 있다.

2. 문장 결합하기

영어에서 두 개의 문장을 한 문장으로 만들 때 가장 많이 쓰는 방법은 등위접속사나 종속접속사를 사용하는 것이고, 글쓰기에서는 세미콜론(;), 콜론(:), 대시(—)도 종종 쓰인다. 등위접속사에는 and, but, or, so, yet 등이, 종속접속사에는 because, although, even though, while, when 등이 있다.

다음 4가지 문장의 차이점을 알아보자.

I love you. I don't want to give you $100. 이라는 2개의 문장이 있다고 하자.

① **I love you, but I don't want to give you $100.** (등위접속사 but을 사용)

② **I love you; however, I don't want to give you $100.** (세미콜론과 부사 however를 사용)

③ **Even though I love you, I don't want to give you $100.** (종속접속사 even though를 사용)

예시 문장 "I love you. I don't want to give you $100"은 2개의 문장으로 구성되어 있고 '나는 너를 사랑해. 나는 너에게 100불을 주고 싶지 않아'라는 의미다. 이 예시문에 '~지만'의 의미를 추가하여 한 문장으로 합친 것이 나머지 ①~③번 문장에 해당하며, '나는 너를 사랑하지만 너에게 100불을 주고 싶진 않아'라는 뜻으로 대조의 의미가 더 명확해진다. 이처럼, 서로 다른 두 문장을 적절한 접속사를 사용하여 한 문장으로 연결할 때, 더 명확한 의미를 전달할 수 있다.

3. 주어–동사의 수 일치

주어–동사의 수 일치란, 쉽게 말해 1인칭 단수, 2인칭 단수/복수, 3인칭 단수/복수를 염두에 두고 주어와 동사를 사용해야 한다는 의미다. 일반적으로 글을 쓸 때에는 주어–동사의 수 일치가 제법 지켜지는 편이지만, 영어로 말할 때는 주어가 단수인지 복수인지에 따라 그에 맞는 동사의 형태로 순발력 있게 바꾸어 말해야 하므로 본의 아니게 실수하게 된다. 가장 많이 실수하는 부분은 3인칭 단수 주어 뒤에 일반 동사가 올 때 s를 발음하지 않는 것과 완료 시제에서 has 대신 have를 발음하는 경우다. 이러한 실수를 반복하지 않으려면, 해당 주어와 동사를 하나의 짝pair으로 생각하고 발음해보면서 익숙해지는 수밖에 없다. 이 문법을 틀린다고 해서 말하고자 하는 의미를 미국 사람들이 이해하지 못하는 것은 아니다. 하지만 엄연히 틀린 문장을 들었기에 귀에 거슬리는 것은 사실이다.

4. 시제

시제에서 유학생이 가장 많이 실수하는 부분은 바로 시제의 일관성이다.

- **I said that his cooking was terrible.** (O)
- **I said that his cooking is terrible.** (X)

예시 문장들을 보면 시제의 일관성으로 인해 첫 번째 문장이 옳다는 것을 금방 알 수 있다. 하지만 "나는 그의 요리가 최악이라고 말했어"라고 말해야 하는 상황에서는 두 번째 문장으로 말하는 사람이 많다. 심지어 자신이 시제를 틀리게 말했는지도 인지하지 못하는 경우가 대부분이다. 시제를 틀리지 않으려면, 상대방이 말하는 시제를 주의 깊게 듣고 그 시제에 맞추어서 대화하는 방법이 있으며, 대화나 글을 시작할 때 어떤 시제로 이야기를 시작할 것인지 먼저 정하는 것도 도움이 된다.

5. 관계대명사

영어를 잘하려면 관계대명사who, whose, whom, which, that, what를 자유자재로 사용할 줄 알아야 한다. 대명사를 쓰는 이유는 문장 안에서 똑같은 명사를 중복해 쓰지 않기 위해서다. 특정 사물(사람)을 묘사하는 두 문장을 한 문장으로 결합하고자 할 때, 해당 명사를 관계대명사로 대체하는 것이다. 관계대명사가 쓰인 문장은 두 문장으로 나눌 수도 있다.

- **Everyone who calls on the name of the Lord will be saved.**
  주님의 이름을 부르는 사람은 구원을 얻을 것입니다.
  (《사도행전》 2장 21절)

예시 문장에서 관계대명사 절에 해당하는 'who calls on the name of the Lord' 부분이 문장 전체의 주어인 everyone을 수식하고 있다. 한 문장으로 구성된 앞의 예시 문장은 다음 두 문장의 결합체라고 할 수 있다.

- **Everyone calls on the name of the Lord.**
- **Everyone will be saved.**

미국인들은 글을 쓸 때뿐만 아니라 일상 대화에서도 관계대명사를 많이 사용한다. 사물이나 사람을 수식하기 위해서는 관계대명사가 필수이므로 이를 꼭 알아야 한다.

6. 조동사

다음에 제시한 조동사의 예문들과 미묘한 뉘앙스 차이를 숙지하자.

may ~일지도 모른다, ~해도 된다

- **We may not be related by blood.** 우리가 가족(친척/형제/자매)이 아닐지도 몰라. (강한 추측)
- **You may do this.** 너 이거 해도 좋아. (허락)

can ~할 수 있다, ~해도 된다

- **I can speak English.** 나는 영어로 말할 수 있어요. (가능)
- **You can go home.** 집에 가도 돼요. (허락)

might ~일지도 모른다

- **It might be hard.** 그거 어려울지도 몰라요. (아닐 수도 있고요)

might have + 과거 분사 ~했을지도 모르지

- **She might have lied to you.** 그녀가 너에게 거짓말을 했을지도 모르지. (안 했을 수도 있다는 의미 내포)

must ~해야만 한다

- **You must wear your mask!** 마스크 무조건 착용하세요!

must have + 과거 분사 ~했음에 틀림없다

- **She must have lied to me.** 그녀가 나에게 거짓말했음이 틀림없어. (강한 확신)

could 할 수 있었다, 일 수도 있다, (정중하게) ~해주시겠어요?

- **I tried my best as much as I could.** 내가 할 수 있는 만큼 최선을 다 했었죠.
- **It could be.** 그럴 수도 있고(아닐 수도 있고).
- **Could you please reply to me as soon as possible?** 가능한 한 빨리 저에게 답장해주시겠어요?

could have + 과거 분사 ~할 수 있었는데

- **She could've lied to you.** 그녀가 너에게 거짓말할 수 있었는데. (그럼에도 안 했다는 의미 내포)

would ~할 것이다, (정중하게) ~해주시겠어요?

- **I would really appreciate your kindness.** 나는 당신의 친절함에 정말 감사할 거예요.
- **Would you mind giving me a ride home?** 집까지 태워주시겠어요?

would have + 과거 분사 ~했을 것이다

- **If I had studied hard, I would've achieved my goals.** 공부를 열심히 했다면, 내 목표들을 이루었을 것이다.

should ~해야 한다, ~하는 편이 좋다, (부정어와 같이 쓰이면) ~해서는 안 된다.

- **You should study hard to achieve your goals.** 너의 목표들을 이루기 위해 공부를 열심히 해야 한다.
- **You should ask your teacher.** 네가 선생님께 여쭈어보면 좋겠어.

- **You shouldn't take off your mask.** 마스크 벗으시면 안 됩니다.

should have + 과거 분사 ~했었어야 했어

- **I should've stayed at home.** 나는 집에 머물렀어야 했어.

7. 사역동사

make, have, let은 '~을 하게 하다'라는 뜻으로 해석되기 때문에 각각의 뉘앙스 차이를 혼동하여 틀리게 사용하는 경우가 허다하다. 억지로 하게 만드는 강제성을 띠면 make, 권유하는 뉘앙스라면 have, 허락을 해주는 상황이라면 let을 쓴다는 것을 정확히 알아야 원하는 뉘앙스를 살려서 표현할 수 있다. 반대로 말하자면, 미국인들이 사역동사를 사용하여 말할 때 그것이 강제성을 띤 것인지, 권유의 뉘앙스인지, 허락해준 것인지를 구별하여 정확한 뜻으로 이해할 수 있게 된다는 의미다.

- **I make him take a picture of it.** (내가 그에게 사진을 찍도록 시켰다는 의미)
- **I have him take a picture of it.** (내가 그에게 사진을 찍도록 권유했다는 의미)
- **I let him take a picture of it.** (내가 그에게 사진을 찍도록 허락했다는 의미)

3 STRATEGY

외국어 실력이 도약하길 원한다면 원서에 도전하라

중국에서 1년 반이 지나니 중국어로 하고 싶은 말은 거의 다 할 수 있었다. 이해하기 어려운 말을 들을 때면 상대방에게 어떤 뜻인지 물어볼 여유가 생겼고, 하고 싶은 말은 충분한 설명을 통해 전달하는 요령도 생겼다. 문제는, 똑같은 문장 패턴과 단어 들만 점점 쓰는 나의 한계를 발견하면서 내 중국어에 싫증이 나기 시작했다. 대학교 강의를 수강하며 본격적으로 글쓰기 과제를 해나갈 때면 이 문제는 더욱 심각해졌다.
그런데 이 문제의 해답은 단순했다. '원서를 많이 읽음으로 보다 다양한 표현들을 숙지할 것.' 문득 중국에 한인 선교사님들의 마지막 조언이 떠올랐다. '다양한 표현들이 숙지가 되면 말하기, 듣기는 물론이고 학문적 글쓰기 또한 가능해진다.'

1년 반 후에 한국으로 귀국한 나는 안타깝게도 중국어를 이 단계까지 올려놓지는 못했다. 하지만 미국 유학을 하면서는 특별히 이 부분에 중점을 두었으며, 이는 결국 나에게 미국 대학교 차석, 대학원 과 수석이라는 영예를 안겨주었다.

첫 단추가 가장 중요하다

2007년 11월 군 입대 전에 두 달의 시간이 생겼다. 미국이 어떤 곳인지 알고 싶어 무작정 비행기 표를 끊었다. 로스앤젤레스에서 시애틀, 아틀란타, 뉴욕, 보스턴까지 크고 작은 도시들을 기차와 버스를 타고 여행했다. 걷고 또 걸었다. 미국을 조금은 경험할 수 있는 아주 좋은 기회였다. 각 도시가 가진 특색들이 제각기 달랐다. 그 도시에 사는 사람들의 삶의 방식과 생활 태도는 내가 어떤 곳에서 유학 생활을 보내면 좋을지를 정하는 좋은 기준이 되었다.

군 제대 후, 본격적으로 미국 유학을 준비하면서 제일 먼저 고민한 것은 '어느 지역에서 공부를 시작할 것인가'였다. 영어가 여전히 자신 없었던 나는 다른 건 몰라도 영어만큼은 진짜 정복하고 싶었다. 중국 칭다오 유학을 하면서 중국인과 생활 대화조차 능숙하지 못한 한국 유학생들을 정말 많이 만났다. 나는 그렇게 되지 않기 위해서 2가지 기준을 가지고 유학할 지역을 고려했다.

4 STRATEGY

한국인이 많은 곳은 가지 말라

미국 어디를 가든 한국인들은 있다. 이것은 엄청난 축복이며 자랑스러운 일이다. 하지만 미국 유학 초기에 한국인들과의 잦은 만남과 사귐은 영어 잘하기라는 목표에 큰 걸림돌이 될 수 있다. 사람마다 유학의 목적이 다를 수 있지만, 나처럼 그 나라의 언어를 능숙하게 다루고자 하는 목표를 세웠다면 현지인들과의 자연스러운 만남을 늘려야 한다. 그렇게 하려면 애초부터 한국인들이 적은 지역이나 학교로 유학 가는 것을 추천한다.

사람은 누구나 익숙하고 편한 것에 끌리기 마련이다. 한국인들이 많은 지역이나 학교로 가면 굳이 현지인들과 접촉하지 않아도 한국 커뮤니티 내에서 모든 것을 해결할 수 있다. 따라서 언어 실력 향상이 유학 목적 중에 하나라면 한국인이 적은 곳으로 가야 한다.

도심에서 떨어진 학교를 선택하라

다운타운이나 큰 도시에 있는 학교들이 가지고 있는 가장 큰 장점은 도시의 화려함을 누릴 수 있고 인턴십이나 직장을 구하기가 상대적으로 쉽다는 것이다. 하지만 영어 배우기라는 목적에서는 도심에서 최대한 떨어진 학교를 다니는 것이 유리하다.
복잡한 대도시에 사는 현지 학생들은 비싼 물가로 인해 생활비를 스스로 충당하느라 각자의 삶이 바쁘고 여유가 없다. 따라서, 유학생이 미국 친구를 사귀기가 쉽지 않다. 반면에 대도시에서 다소 떨어진 곳의 대학을 다니는 학생들은 상대적으로 값싼 물가로 인해 심리적·금전적 여유가 있다. 또한 수업이 끝나고도 딱히 갈 곳이 없어 기숙사나 학교 친구 집에서 같이 노는 문화가 형성되어 있어서 비교적 친구 사귀기가 쉽다.

각자의 라이프 스타일에 따라 다르겠지만 미국인 친구를 많이 만들고 싶다면 도심에서 다소 떨어진 학교를 추천한다.

6 STRATEGY

커뮤니티 칼리지로 가라

외국인이 미국 대학교를 입학하는 방법 가운데 하나가 커뮤니티 칼리지community college(2년제 대학)를 졸업 후 주변의 4년제 종합대학에 3학년으로 편입하는 방법이다. 커뮤니티 칼리지는 4년제 종합대학에 비해 입학이 쉽고 비교적 학비가 저렴하며 높은 평균 학점Grade Point Average, GPA을 받을 수 있는 장점이 있다.

영어에 자신이 없던 나는 곧바로 4년제 대학 입학을 노리는 것보다는 비교적 학점을 따기 쉬워 영어 실력 향상도 집중할 수 있는 커뮤니티 칼리지로 입학을 선택했다.
이때 고려해야 할 사항이 있다. ① 2년제 대학 주변에 내가 편입할 수 있는 4년제 종합대학이 어디가 있는지, ② 2년제 대학에서 취득한 학점credit을 4년제 대학에서 얼마나 인정해주는지를 꼭 알아보는 것이다.

고민 끝에 나는 텍사스주 댈러스에 있는 '크라이스트 포 더 네이션스Christ For the Nations Institute, CFNI'라는 기독교 학교를 선택했다. 이곳은 졸업 후에 근처 몇몇 4년제 대학들로 편입할 수 있도록 연계되어 있었고, 학비도 비교가 안 될 정도로 저렴했다. 가장 마음에 들었던 점은 모든 학생들이 나와 같은 종교를 가지고 있어 친구 사귀기가 비교적 쉽다는 것이었다. 실제로 이 학교 입학생은 대부분 다른 나라에 가서 선교할 목적으로 오기 때문에 내가 굳이 의도적으로 다가가지 않아도 그들이 먼저 다가와 친구가 되기를 원하고, 외국인에게 관대하다는 사실을 입학 후에 알게 되었다. 영어 배우기에 최적의 환경이었다. 현지 친구 사귀기와 외국인을 환대하는 학교 분위기, 저렴한 학비와 기숙사비 등을 고려했을 때 이 학교가 최선이었다.

지금 와서 돌이켜보니 내 미국 유학 생활을 CFNI에서 시작한 것이 가장 잘한 결정이었다. 외국어를 배움에 있어서 사람의 성향과 노력만큼이나 중요한 것이 '환경'이다.

토플 공부는 영어에 날개를 다는 과정이다

외국인들이 미국 대학 혹은 대학원을 가기 위해서 꼭 치러야 하는 시험이 토플이다. 대학원을 가려면 GRE Graduate Record Examination 혹은 GMAT Graduate Management Admission Test(경영대학원 입학 자격 시험)을 추가로 치러야 한다. 영국이나 호주로 가는 외국인들은 토플 대신 IELTS International English Language Testing System(영어 사용 능력 평가 시험)를 본다. 대부분의 대학교들은 학교에서 정한 최소 점수를 받지 못하면 처음부터 입학을 허가하지 않는다. 하지만 몇몇 학교들은 신입생 유치를 위해 공인 영어 점수를 제외한 나머지 모든 영역에서 입학 자격을 갖춘 학생들에게 일단 입학을 허가해주기도 한다. 그 학생들의 영어 실력을 자체 평가한 후, 그에 따라 학교에서 정한 영어 수업을 필수로 이수하게 한다. 하지만 그 경우 유학 기간이 길어지는 단점이 있어 경제적이지 못하다.

나 역시도 뒤늦은 미국 유학을 위해 토플 시험을 치러야 했다. 내가 가려고 했던 학교들이 원하는 토플 최소 점수는 61점이었다. 그리 높은 점수는 아니지만, 두 번의 수능 영어 실패로 자신감이 바닥을 친 그때의 나로서는 엄청 높은 점수였다. 재수하고 중국 유학에 군대까지 다녀온 터라 빠른 시일 내에 토플 점수를 받아서 미국 대학에 입학해야만 했다. 2010년 1월에 제대하자마자 발품 팔아 찾아낸 토플 학원에서 2~3월 기초종합반에 등록해 하루에 16시간 이상을 토플 공부에만 집중했다. 61점만 넘자는 마음으로 정말 아무 생각 없이 공부만 계속했던 것 같다.

드디어 4월 첫째 주에 생애 첫 토플 시험을 보았다. 생각보다 상당히 어려워 망연자실했고 직감적으로 61점을 못 넘을 것 같아 곧바로 5월 시험에 등록했다. 그 끔찍한 공부들을 다시 할 생각을 하니 괴로웠다. 나에게 두 번이나 큰 실패감을 안겨주었던 수능 영어가 떠올라서 왠지 같은 악몽이 반복될 것 같았다.

두 번째 토플 시험을 본 후 기대 없이 점수를 확인했다. 63점이었다. 지금 생각하면 정말 낮은 점수지만 당시에는 61점을 넘었다는 사실 하나만으로도 세상을 다 가진 듯 기뻤다. 무엇보다도 영어에 대한 자신감이 조금 생겼다. 영어 때문에 힘들어하던 내가 아주 작은 동산 하나를 힘들게 넘은 느낌이었다. 61점 이상의 점수를 받기 위해 치열하게 공부했던 두 달이 미국에서의 첫 2년간의 유학 생활을 성공적으로 이끌어줄 자산이 되었다는 사실을 그때는 알지 못했다.

미국 대학에서 공부했던 누군가가 그때의 나에게 "토플 시험을 어떻게 공부해야 하며, 이후 미국 유학 생활에 얼마나 유용하고 실질적인 도움이 되는지"를 알려주었다면 얼마나 좋았을까라는 생각을 다시금 하게 된다.

영어에 재능이 없는 내가 단기간에 토플을 공부하며 특별히 힘들어했던 3가지가 있다. 그리고 그것들을 극복하기 위해 취했던 나만의 방법들이 놀랍게도 미국 대학, 대학원 생활에 너무나 큰 도움이 되었다. 그 3가지를 공유한다.

생소한 단어와 친숙한 단어를 결합해 외워라

토플에서 단어vocabulary는 가장 중요하다. 특히 리딩의 지문은 워낙 학문적이기 때문에 처음 토플을 공부하는 사람들에게는 그저 생소한 단어들의 나열로 보일 뿐이다. 또 리딩에서는 동의어를 물어보는 '동의어 찾기' 문제도 5~6개 정도 나온다. 그 정도로 단어 암기는 필수적이다.

먼저, 생소한 단어들을 외우기 위해서 나는 그 단어가 쓰인 문장들을 통으로 외우기 시작했다. 예를 들어 **sever**라는 단어를 외울 때는 '~를 끊다'라는 한글 뜻만 외우기보다는 **'sever a relationship'**(관계를 끊다)으로 공부했다. 내가 친숙하게 아는 단어 **relationship**과 모르는 생소한 단어 **sever**를 결합해 만든 영어 표현을 통째로 외움으로써 **sever**가 어떻게 쓰이는지를 확실하게 알게 되는 것이다. 그런 방법으로 외운 수많은 단어들은 머릿속에서 잘 잊히지 않는다.

특별히 잘 외워지지 않는 동의어들은 종이 한 장에 잘 정리해서 복사한 다음 집 안 곳곳, 심지어 화장실까지도 붙여놓고 외웠다. 다 외우면 그 종이들은 버리고 새로운 동의어 리스트를 만들어 사방팔방 붙여놓고 외우기를 계속 반복했다.

확실히 말할 수 있는 것은, 토플에 나오는 단어들은 대학과 대학원의 교재는 물론이고 강의에서도 계속 반복적으로 나온다는 사실이다. 알면 확실히 들릴 것이고, 모르면 그 단어인 줄도 모르고 지나 가버릴 것이다. 따라서 단어들을 외울 때는 단순히 토플 점수를 얻기 위한 것이 아닌 '유학 기간 내내 내가 보고, 듣고, 쓰고, 활용할 단어들'이라는 것을 꼭 명심해서 제대로 외우기 바란다.

Tip

토플 시험 및 일상에서 자주 쓰이는 단어와 동의어 10

- **akin to**(~와 흡사한, 유사한): similar to, related to, analogous to
- **brittle**(부서지기 쉬운, 깨지기 쉬운): fragile, breakable, delicate
- **conspicuous**(눈에 잘 띄는, 뚜렷한): apparent, noticeable, discernible
- **dwindle**(점점 줄어들다, 작아지다): decrease, diminish, shrink, wither
- **extraordinary**(놀라운, 비범한): bizarre, exceptional, phenomenal
- **frivolous**(경박한, 생각이 없는, 사소한): pointless, impractical, trivial
- **genuine**(진심의, 진짜의, 정직한): authentic, legitimate, sincere
- **intrigue**(~의 흥미를 끌다): fascinate, attract, captivate
- **manifest**(드러나다, 나타나다): demonstrate, reveal, illustrate
- **tangible**(만질 수 있는, 확실한): touchable, palpable, concrete

리스닝을 잘하려면 노트 테이킹을 하라

토플 리스닝은 일상 대화가 아닌 학문적 내용이 주를 이루기 때문에 많은 학생들이 내용 파악조차 힘들어한다. 그렇다고 리스닝 공부를 포기할 수 없는 이유는 리스닝 영역뿐만 아니라, 스피킹과 라이팅 영역에도 학문적 내용의 녹음 파일을 듣고 내용을 이해한 후, 주어진 문제를 풀거나 글을 쓰는 문제들이 나오기 때문이다. 학문적인 내용의 리스닝, 즉 '렉쳐lecture'를 제대로 이해하지 못하면, 리스닝, 스피킹, 라이팅 영역을 다 망칠 수 있으므로 원하는 점수를 획득하기 위해서는 올바른 리스닝 훈련이 필수다.

렉쳐를 이해하고 이 영역들을 돌파하기 위해서는 노트 테이킹note-taking이 정말 중요하다. 하지만 더 중요한 것은 귀에 들리는 수많은 정보 중 어떤 내용을 노트 테이킹 해야 하는지를 빠르게 파악하고 훈련하는 것이다. 나는 토플을 공부할 당시, 토플 강사 최지욱 선생님의 '17가지 출제 포인트'를 이용해서 노트 테이킹 연습을 하루에 2시간씩 했다. 개인적으로 가장 힘들었던 부분이었지만 이 과정을 통해서 미국 교수님들의 말하는 방법과 패턴을 알게 되었고 실제 대학교 및 대학원 수업에서도 큰 도움이 되었다.

9 STRATEGY

가장 탁월한 글쓰기 전략은 브레인스토밍이다

한글로도 논리적인 글들을 써본 적이 없던 나였다. 그런데 논리적인 글을 영어로 써야 하고 심지어 30분 안에 써야 하니 연습 없이는 불가능했다. 토플 글쓰기를 연습하며 가장 많이 했던 것은 브레인스토밍이었다. 단어 뜻 그대로, 머리를 써서 주어진 내용과 연관된 아이디어와 이를 뒷받침해줄 근거를 생각하는 것이다.

나는 약 200개가 넘는 주제들에 대해 브레인스토밍을 두 달 동안 쉬지 않고 했다. '글을 쓰기 전에 브레인스토밍을 통해 논리적인 아웃라인을 만들어야 한다'라는 것을 끊임없이 되뇌며 훈련했다. 결국 브레인스토밍 전략은 내가 5년 동안 대학과 대학원에서 수많은 페이퍼를 써낼 때 가장 많이 썼던 전략이었고 가장 큰 도움이 되었다.

Tip

나만의 브레인스토밍 공략법

1. 동의 여부를 묻는 질문에서 나의 실제 의견은 중요하지 않다. 내가 더 쓰기 쉽고 더 할 말이 많은 편에 서서 글을 풀어나갈 것!

토플 시험에서 가장 많이 나오는 문제 유형이 "다음 진술에 동의합니까, 하지 않습니까Do you agree or disagree with the following statement?"다. 이때 실제로 그 진술에 동의하더라도, 동의하지 않는 글에서 더 많은 근거를 제시할 수 있다면, 과감히 내 의견을 버리고 반대 입장에 서야 한다.

예를 들어, "교사는 교과 과목에 대한 탁월한 지식을 가지고 알기 쉽게 가르치는 것보다 학생들과 잘 어울리고 친밀한 관계를 쌓는 것이 더 중요하다"라는 진술이 있다. '선생님이니 잘 가르치는 게 가장 중요해'라고 생각하더라도, 선생님과 학생들 간의 좋은 관계에 대한 이점이 더 많이 떠올랐다면, 해당 진술에 동의하는 입장에서 글을 써야 한다.

또 다른 예를 들어보자. "고등학생들에게 아르바이트는 필수"라는 진술이 있다. '공부할 시간도 부족한 고등학생들에게 아르바이트는 말도 안 된다'라고 생각하며 진술에 동의할 수 없지만, 그에 대한 타당한 이유들을 쉽게 나열하기 어렵다면 재빨리 입장을 바꾸어 그에 관한 근거들을 찾아야 한다.

2. 다양한 주제를 뒷받침할 수 있는 공통 근거들을 수집할 것

토플 라이팅 독립형 문제에서는 최소 2개 이상의 근거들을 내세워 주장을 뒷받침해야 한다. 다양한 주제에 관한 근거들을 최대한 많이 생각해보는 브레인스토밍은 토플 공부에서 꼭 필요한 훈련이다. 주어진 시간 안에 설득력 있는 근거들을 순발력 있게 생각해내는 것은 쉽지 않기 때문이다. 시험에서 어떤 특정 주제나 진술이 나올지는 알 수 없으므로 다양한 주제를 뒷받침할 만한 공통 근거들을 브레인스토밍 하는 것도 하나의 전략이다.

근거를 나열할 때 많이 사용되는 키워드는 스트레스stress, 습관habit, 책임감responsibility, 시간 관리time management 등이 있다. 예를 들어 앞서 소개한 "고등학생들에게 아르바이트는 필수"라는 진술에 동의했을 때 앞에 제시한 키워드를 가지고 뒷받침하는 근거 2가지 이상을 생각해낼 수 있다.

- 아르바이트를 통해 맡은 일에 대한 '책임감'의 중요성을 배울 수 있다.
- 아르바이트하면서 기른 경제관념을 통해 건강한 소비 '습관'을 기를 수 있다.
- 아르바이트하며 학업 '스트레스'를 풀 수 있다.
- 아르바이트와 학업을 잘 병행하기 위해 '시간 관리'하는 법을 배울 수 있다.

이러한 키워드로 필요한 근거들을 만들어낼 수 있다면 실제 토플 시험장에서 근거들을 찾는 시간을 줄이고 글쓰기에 더욱 집중할 수 있다. 물론 이 전략을 모든 주제나 진술에 다 적용할 수 있는 것은 아니다. 그러므로 다양한 주제에 대해 최대한 많은 근거들을 찾는 브레인스토밍이 필수적이다.

3. 개인의 경험을 담은 예시와 모두에게 적용되는 예시를 골고루 사용할 것

토플 라이팅 독립형 문제에서 고득점을 받으려면 글의 주제, 주제를 뒷받침하는 근거들, 각각의 근거에 대한 구체적인 예시를 명확하게 드러냄으로써 설득력 있게 써야 한다. 예시를 만들 때 가장 쉬운 방법은 자신의 구체적인 경험담을 이야기하는 것이다. 매체에서 들어보았거나 본 적이 있는 내용이나 가족, 친구, 지인이 경험했던 것을 써도 좋다. 유용한 키워드로는 '삶의 성공담, 실패담, 만족감, 효율성, 깨달음' 등이 있다.

첫 번째 근거에 대한 예시를 개인의 경험담으로 썼다면, 두 번째 근거를 서포트하는 예시에서는 모든 사람에게 적용될 법한 예시를 생각해야 한다는 점이 특히 중요하다. 현실에 있을 법한 일반적인 내용의 통계 등을 그럴듯하게 지어내도 무방하다. 모든 사람에게 일반적으로 적용될 법한 예시를 넣음으로써, 내 경험에만 국한된 주장이 아니라는 점을 강조하여 내 주장을 뒷받침해야 한다.

예를 들어, 앞서 소개했던 "아르바이트를 통해 맡은 일에 대한 책임감의 중요성을 배울 수 있다"라는 근거를 서포트하기 위해 아르바이트하기 전에는 맡은 일을 금방 포기하고 그만두기 일쑤였지만, 아르바이트하면서 책임감을 기르고 그 중요성을 알게 되었다는 개인의 구체적인 경험을 쓰는 것은 그리 어렵지 않을 것이다. 또 다른 근거인 "아르바이트를 하면서 기른 경제 관념을 통해 건강한 소비 습관을 기를 수 있다"에서는 건강한 소비 습관을 가진 모 대학교 대학생들을 조사해보니 80퍼센트 이상의 학생들이 고등학교 시절 아르바이트를 했다는 내용의 통계를 일반적인 예시로 사용할 수 있다. 이 예시가 실제 존재하는 통계인지는 중요하지 않다. 토플은 다양한 종류의 예들을 사용하여 설득력 있는 글을 쓸 수 있는지를 평가한다는 점을 명심하자.

10년 넘게 미국에 있으면서 수많은 유학생들을 보았고 가르쳤다. 유학 목적이 저마다 다르기에 쉽사리 판단할 수는 없지만, 내 경험상으로는 토플을 준비하고 목표했던 점수를 얻어서 유학을 온 학생들은 대부분 목적을 성공적으로 달성했다. 반면에 토플을 단지 수단으로 여겨 '정답을 맞히는 기술'로 공부했던 사람들은 입학 허가는 받았지만, 막상 대학 생활을 만족스럽지 못하게 끝내거나 학업을 따라가지 못해 도중에 귀국하는 경우를 많이 보았다.

지금 토플을 공부하고 있다면 정말 진지하게 공부에 임하기 바란다. 그 공부법이 대학과 대학원 공부에 그대로 쓰일 것이기 때문이다. 미국은 영어를 배우러 가는 곳이 아니다. 한국에서 열심히 공부하고 끊임없이 연습했던 영어를 미국 현지에서 직접 사용하며 내가 목표한 꿈을 이루기 위해 가는 곳이다. 토플은 유학 생활의 목표와 꿈을 이루어줄 기본기를 다지는 시험이다. 지금 얼마나 열심히 하느냐에 따라 유학 생활의 질이 달라질 수 있으니 포기하지 말기를! 대학에서 요구하는 토플 점수 없이 미국에 와도 영어 실력이 늘 수는 있겠지만, 영어가 향상되는 속도는 '걷는 것과 나는 것'의 차이만큼 차이가 난다는 것을 잊지 말기 바란다.

유학 전
꼭 점검해야 할 리스트

'모든 것이 새롭다.' 미국 유학에 필요한 것이 무엇인지 알아보며 하나하나 준비할 때마다 느끼던 감정이었다. 내가 미국 유학을 시작할 당시에도 지금만큼이나 미국 유학에 관한 다양한 정보들이 있었지만 모든 것이 처음인 나에게는 그저 새롭고 어려웠다. 그렇기에 미국 유학을 생각하는 사람들이 꼭 알아야 할 미국 대학 및 대학원 입학 절차와 서류들을 이 글에서 간단하고 정확하게 써보고자 한다.

가장 먼저 말해주고 싶은 것은, 미국에서 지켜야 할 규칙과 법을 아는 것이 정말 중요하다는 사실이다. 외국인인 우리는 조금은 과도하다 싶을 정도로 규칙과 법을 꼭 지켜야 한다. '이 정도면 되겠지' '이건 넘어가주겠지'라는 생각은 전혀 통하지 않는다는 점을 기억하자.

학교마다 순서나 용어는 조금씩 다르지만 대부분 입학 지원 절차는 비슷하다.

- 대학 혹은 대학원을 정한다.
- 해당 대학의 웹사이트를 들어간 후 Admissions를 찾고 Apply 탭을 클릭한다.
- 공부하고 싶은 분야의 과를 선택한 후 Application Requirements를 확인한다. 이곳은 추천서, 자기소개서, 고등학교 성적 및 대학교 성적표(대학원 지원 시) 등 해당 학과에 지원하기 위해 필요한 서류들이 무엇인지 알려준다.
- 유의해야 할 부분은 Dates & Deadlines 확인이다. 언제까지 이 모든 서류를 다 제출해야 하는지 확인하자.
- 우리는 외국인이기에 International Student Admissions를 찾아 클릭해야 한다. 학교마다 국제 학생들이 추가로 내야 할 서류 목록을 알려준다. 가장 관심 있게 보아야 할 부분은 학교에서 요구하는 영어 공인시험 최소 점수 확인이다.
- 모든 정보를 확인했다면 학교 웹사이트에서 입학 지원하기 위한 아이디와 비밀번호를 만든 후 지원을 시작한다.

이 가운데 가장 중요하고 빨리 시작해야 할 것은 영어 공인점수를 따는 일이다. 특별한 예외가 없는 한, 점수 없이는 원하는 과로 바로 입학할 수 없다. 나도 그랬듯이 영어 공인점수를 단기간에 받기 위해서는 전문기관이나 전문가의 효율적이고 효과적인 도움을 받는 것이 현명하다. 제출해야 할 성적표는 졸업한 고등학교에 문의해서 영문 성적표를 발급받으면 되고, 대학원을 준비하고 있다면 미국의 대학원은 4.0 만점으로 환산된 대학교 성적표를 요구하기 때문에 4.0 만점 기준으로 학점을 환산해주는 WES World Education Services, www.wes.org 같은 사이트에서 영문 성적표를 미리 받아놓아야 한다. 또한 자기소개서essay뿐만 아니라 각 학교마다 학생들에게 묻는 서술형 질문들이 있을 수 있는데 그 질문들이 무엇인지를 파악하고 입학 사정관들이 관심 있어 할 만한 주제와 짜임새 있는 구조로 어떻게 글을 쓸지를 미리 준비하는 것이 중요하다. 예를 들어, 나는 어떤 사람인지, 왜 이 학과에 지원하고자 하는지, 나의 어떠한 부분이 이 학과와 잘 맞는지, 그와 관련한 과거 경험이나 지식이 무엇이 있는지 등의 질문에 대비해서 좋은 글을 쓰도록 해야 한다. 처음 미국 유학을 준비하는 경우 쉽지 않은 도전이지만 생각을 정리하고 글을 쓰는 과정에서 미국 유학의 목적이 더 명확해질 것이다.

끝으로, 많은 분들이 난감해하는 부분이 바로 추천서를 받는 일이다. 미국 유학을 결정한 순간부터 영문 추천서를 누구에게 받을 것인지 생각해보고, 추천서를 부탁드릴 분이 결정되면 자신의 프로필이나 이력서, 자신의 이야기를 쓴 에세이를 같이 드리거나 사전 면담을 하는 것이 좋다. 추천서를 써주는 분이 나의 이야기와 유학 목표를 정확히 알고 있어야만 그러한 내용이 추천서에 자연스럽게 나올 수 있기 때문이다. 입학에 필요한 모든 서류가 준비되면 학교 입학 지원 사이트에 업로드를 하고 제출submit 버튼을 누르면 입학 지원 절차가 완료된다. 이제 결과를 기다리는 일만 남았다. 누구나 그러하듯 나 역시 얼마나 간절했는지 모른다. 합격하면, 입학 지원할 때 등록한 이메일 계정이나 집 주소로 '합격 통지서acceptance letter'를 받는다. "Congratulations!"로 시작하는 편지를 받으면 아직 유학 생활을 시작하지도 않았지만 괜히 마음이 뿌듯하고 나 자신이 자랑스럽게 느껴질 것이다. 지금 이 책을 읽는 분 중에 합격 통지서를 간절히 기다리는 분이 혹 계시다면 정말 마음 다해 응원해드리고 싶다.

합격과 함께 학교에서 집으로 보내주는 서류가 있다. 이 서류를 우리는 입학 허가서라고 부르기보다는 'I-20(아이투에니)'라고들 한다. 3장으로 된 이 서류가 유학 생활에 있어서 가장 중요한 서류다. I-20에는 다양한 정보들이 있지만 가장 핵심적인 정보는 내가 입학할 학교 이름, 학교에서 공부하는 기간, 그리고 공부하는 동안 필요한 최소 금액이 달러로 적혀 있다. 보통 학교에서는 이 서류를 일반 우편으로 보내는데, 여러 상황상 빨리 받고 싶은 경우에는 해당 학교 주변에 거주하는 지인들이나 해당 학교에 다니는 친분이 있는 학생들에게 부탁해 가장 빠른 우편으로 보내달라고 하기도 한다. 이렇게 부탁할 때는 주소와 송장번호를 반드시 정확하게 확인해야 한다.

I-20를 받고 나면 본격적으로 미국 대사관 사이트에 들어가서 학

생 비자인 F–1 비자를 신청할 수 있다. 대사관에서 비자 인터뷰를 할 경우 가장 중요한 사항은 '미국 입국의 목적은 해당 학교에 공부를 하러 가는 것이고 I–20에 명시된 날짜까지 미국에 거주할 것이며 그 이후에는 한국으로 귀국하겠다'는 의사를 확실히 밝혀야 한다는 것이다. 미국에서는 원칙적으로 학생 비자를 소지한 외국인 학생이 합법적인 방법을 통하지 않고 돈을 벌거나, I–20에 명시된 유학 기간이 지났는데도 계속 체류하는 것은 불법이기 때문에 이 점을 유의하며 인터뷰에 응해야 한다. 거의 모든 인터뷰에서 재정 증빙 서류를 보여주어야 하는데, 이는 내가 미국 학교에서 학비를 내고 공부하며 유학생활을 유지할 수 있는 충분한 재정 상황임을 증명하기 위함이다.

미국에서 유학을 시작한 후에도 I–20와 F–1 비자에 대해서 반드시 구분해야 할 것이 있다. 한국에 있는 미국 대사관에서 발급되는 F–1 비자는 기본적으로 5년의 기간이 주어진다. 하지만 F–1 비자의 주된 목적은 주어진 기간 동안 외국인 학생의 신분으로 미국에 '입국'할 수 있다는 것이지, 그 기간 동안 거주할 수 있다는 뜻이 아니다. 다시 말해 '공부'를 목적으로 미국에 체류할 수 있는 기간을 5년 부여한 것이 아니라는 뜻이다.

반대로 I–20는 공부할 수 있는 기간을 보여주는 서류이기 때문에 그 기간 동안 해당 대학에서 유학하며 미국 땅에 체류하는 것을 법적으로 보장한다. 즉, 유학생 신분인 우리는 F–1 비자에 찍힌 만료 날

짜보다 I-20에 찍힌 만료 날짜를 더 신경 써야 하는 것이다. 대부분은 두 만료 날짜가 서로 다르기 때문이다.

예를 들어, 미국에서 유학하는 기간이 원래 계획한 것보다 길어져 F-1 비자 기간인 5년이 끝나버렸지만 I-20를 계속 재발급받아 그 대학에서 공부할 수 있는 기간이 여전히 보장되면 합법적인 신분을 갖는다. 비자 만료일은 끝나버렸지만, 합법적인 체류에는 아무 문제가 없는 것이다. 단, 학생 비자가 만료된 상황에서 미국을 떠났다가 재입국할 경우에는 F-1 비자를 미국 대사관에서 반드시 다시 받아야 한다. 나 또한 대학교 졸업 후 대학원까지 연이어 공부하면서 처음 받았던 F-1 비자(5년)가 만료되었는데, 방학에 한국에서 가족들과 시간을 보낸 후 대사관에서 학생 비자를 다시 받은 기억이 있다.

반대로 F-1 비자의 유효 기간은 남았지만, I-20의 '공부할 기간'이 만료된 상태라면 최대한 빨리 조치를 취해야 한다. 다니는 학교에서 연장을 하든, 다른 학교로 편입함으로써 연장을 하든 새로운 I-20 날짜를 60일 안에 발급받아야 한다. 이 60일을 'grace period'라고 한다. 이 기간에 아무 조치도 취하지 않으면 F-1 비자의 기간이 살아 있더라도 미국에서의 체류는 불법이 된다.

I-20에 대해서 마지막으로 알아야 할 것은 학기 중이나 방학 중에 한국을 잠깐 방문해야 하거나 다른 제3국에 여행을 갔다가 다음 학기에 돌아오기 원한다면 I-20의 두 번째 장에 있는 '미국에서의 일시적

인 부재temporary absence from the United States'란에 담당자의 서명을 받아야 한다. 서명이 있어야 재입국할 때 문제가 생기지 않는다. 이러한 정보들을 잘 모르거나 헷갈려하는 유학생이나 예비 유학생들을 꽤 보았다. 이번 기회에 제대로 이해하고 유학 기간 동안 합법적인 체류에 문제가 생기지 않도록 하자.

CHAPTER 2

영어에
날개를 달다

유학 생활을 할 때 나는 정확히 발음했다고 생각했는데 미국인들이 도무지 못 알아듣는 단어가 있다면, 당신은 그 단어의 발음, 강세, 억양 중 하나 이상을 틀리게 발음하고 있을 가능성이 크다. 내 귀에는 L과 R이 똑같은 리을이고 J와 Z은 똑같이 지읒으로 들릴지 몰라도, 미국인들에게는 엄연히 다른 단어라는 것을 인지하고 발음 연습에 신중하자!

발음은 정확히 배워야 한다

미국의 대학들은 일반적으로 신입생에게 기숙사 생활을 권장 또는 의무화하고 있다. 스물다섯임에도 불구하고 CFNI 신입생인 나도 예외가 아니었다. 예전에는 호텔로 쓰였다는 10층짜리 하얀 건물이 앞으로 내가 1년 동안 살아야 할 기숙사였다. 각 방에는 이층 침대 두 개와 책상 두 개가 나란히 있었다. 두 명이 쓰기에는 침대가 많고 네 명이 쓰기에는 책상이 부족한 묘한 구조였다. 나에게 배정된 방은 508호였다.

도착해보니 이미 한쪽 침대에 가방이 하나 놓여 있었다. ‘아, 누가 나보다 먼저 와서 자기 자리를 맡아놓았구나’ 생각했다. 1~2시간 후, 룸메이트로 보이는 미국인 한 명이 들어와 자연스럽게 나에게 ‘잭’이라고 자신을 소개하며 악수를 청했다. 나는 얼떨결에 “하~이~” 하면서 악수를 했다. ‘잭Jack’이 나에게 아주 빠른 속도로 흘려 발음하며 “Where are you from?”이라고 물었는데, 순간 무슨 말인지 알아듣지 못해서 그냥 "알버트"라고 대답해버렸다.

질문을 알아듣지 못한 나에게 잭이 아리송한 표정을 지으며 다시 한 번 물었다. 그때의 어색한 공기를 아직도 잊을 수가 없다. 너무나 쉬운 영어 표현인데도 원어민의 빠른 말 속도에 주눅들어 알아듣지 못한 나 자신이 한심하게 느껴졌다. 또 다른 룸메이트 한 명이 들어왔고 나에게 '콜Cole'이라고 자신을 소개하며 전역 군인이라고 했다. 이제 고등학교를 갓 졸업한 백인 Jack, 군 복무를 마치고 돌아온 흑인 Cole, 그리고 스물다섯 살 황색인 알버트의 첫 만남은 그렇게 시작되었다.

508호 룸메이트들의 크고 작은 에피소드는 여러 가지가 있지만, 나에게 가장 충격적이면서 재미있던 사건은 '이름'과 관련한 것이었다. 우리가 룸메이트가 된 지 정확히 3개월 후였다. 나는 '영어 정복'이라는 목적으로 일부러 휴대폰을 개통하지 않고, 그 당시 갓 출시된 아이팟을 사서 용건이 있을 때마다 문자 앱을 통해 연락했다. 그러던 어느 날, 내 아이팟에 저장된 연락처 목록을 Jack이 우연히 보고는 자신의 이름은 Jack이 아니라 'Zach'이라고 했다. 이 광경을 지켜보던 Cole이 자기 이름도 확인해보더니 크게 웃으며 Cole이 아니라 'Cory(코리)'라고 했다. 나는 내 룸메들의 이름을 무려 3개월 동안 잘못 알고 잘못 발음하고 있었던 것이다.

J와 Z의 발음 차이를 정확히 몰랐던 나는 Zach과 Jack이 같은 발음

인 줄 알고 있었다. 그리고 모음과 모음 사이 강세를 받지 않는 R은 흘려 발음한다는 사실을 몰라서 Cory(코리)가 마치 Cole(콜)로 들렸다. 그제야 친구들은 내 영어 이름 알버트Albert 또한 여태껏 'Arbert'라고 틀리게 발음하고 있었다고 알려주었다. 무려 3개월 동안 자신들의 이름뿐만 아니라 내 이름조차도 제대로 발음하지 못했던 나에게 J와 Z 발음의 차이와 L과 R 발음의 차이를 알려주는 원어민의 속성 과외(?)가 시작되었다.

발음 관련 에피소드는 수없이 많다. 하루는 잭과 도서관에서 나의 가족에 대한 이야기를 하고 있을 때였다. 나의 친할머니께서 캘리포니아 '할리우드'에 오랫동안 살고 계시다고 영어로 말했더니, 잭이 할리우드를 전혀 못 알아들으며 어디냐고 몇 번이고 묻는 것이었다. 세계적으로 유명한 도시인 할리우드를 왜 모르는지 의아해하며 내가 종이에다가 'Hollywood'라고 쓰니, 그제야 "Oh, Hollywood(할리워우드)!" 이런다. 대체 뭐가 다른 거냐고 묻는 나에게 잭이 갑자기 워터water를 발음해보란다. 그때의 w 발음과 Hollywood에서의 w 발음이 같은 것이고, '할리워' 뒤에 따라 나오는 '우드'는 흘려 발음하면 된단다. 나는 여태껏 w 발음은 모두 '우'로 발음하면 되는 줄만 알았는데 그게 아니었다니! 사소하게 느껴지는 발음이라 할지라도 정확하게 발음하지 않으면 원어민과의 소통에 차질이 생길 수 있다는 것을 그때 뼈저리게 느꼈다.

이렇듯 유학 첫 3개월 동안 미국인 친구들과 대화하며 가장 많이 배우고 신경 썼던 부분은 '한국인의 귀에는 똑같이 들리지만, 미국인들이 다르게 발음하는 단어들', 그리고 미국인들이 발음하지 않은 듯 '한국인에게는 들리지 않지만, 꼭 내뱉어야 하는 발음들'이었다. 스물다섯 살이 되도록 원어민과 영어로 대화 한번 안 해본 토종 한국인이지만, 영어 단어를 많이 외우고 다양한 표현과 문장을 알고 있으면 원어민과 기본 의사소통 정도는 문제없을 것이라 여겼는데 발음이 이 정도로 중요했다니! 내 유학 경험을 바탕으로 몇 가지 중요한 발음들과 그에 따른 학습법을 나누고자 한다.

10 STRATEGY

L 발음을 제대로 배우면 R은 문제되지 않는다

수없이 강조하지만 막상 발음하려고 하면 쉽지 않은 L과 R의 발음 차이에 대해서 팁을 주자면, 가장 큰 포인트는 혀의 위치다. L 발음은 단어에 L이 어느 위치에 들어가 있든 상관없이 혀를 윗앞니 뒤쪽에 갖다 대면 된다. 대부분의 한국인들은 R 발음은 혀를 굴리며 비교적 잘하는 반면에 L을 발음할 때는 많이 어색해한다. 그 이유는 한글 발음 중에 혀를 윗앞니 뒤쪽에 붙여 발음하는 단어가 많지 않기 때문이다.

모국어에 없는 것을 발음해야 하니 어색해서지, 계속 연습하다 보면 R과 L의 발음 차이를 명확히 알게 된다. R을 조금 더 미국 사람처럼 발음하려면 혀를 뒤쪽으로 말아서 발음하면 되지만 크게 부담 갖지 않아도 된다. 즉, L 발음만 제대로 배운다면 R은 크게 문제되지 않는다.

정말 어려운 경우는 한 단어에 L과 R이 다 들어가 있을 때다. 내 영어 이름 Albert를 예로 들자면, Albert에서 Al은 L 발음을 내야 하기에 혀를 앞니 뒤쪽에 붙여 발음함과 동시에, ber에서의 R 때문에 재빨리 혀를 뒤로 말아서 Al과 연결해서 발음해야 하니 이게 참 쉽지 않다.

하나 더 덧붙이자면 미국인은 무조건 발음하지만, 한국인 귀에는 잘 들리지 않아 생략해버리는 발음이 Albert의 마지막에 위치한 T 발음이다. 약한 사운드로 반드시 발음해주어야 한다. T, K, P와 같은 알파벳이 단어 제일 마지막에 위치할 때는 절대 묵음이 아니라는 사실을 인지하고 약한 사운드로 반드시 발음해야 한다는 것을 잊지 말자.

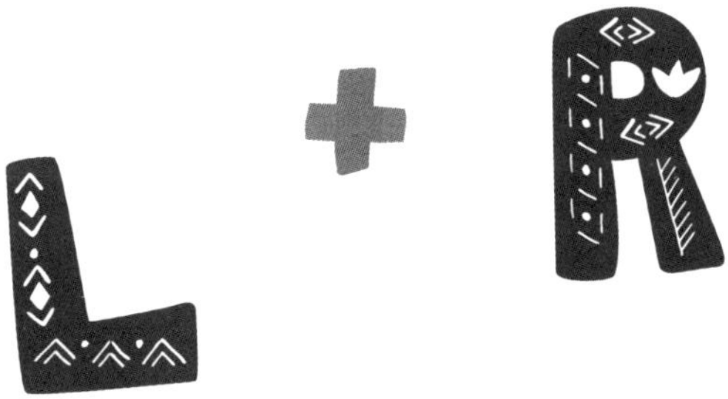

11 STRATEGY

두 개의 모음 사이에 낀 'S'는 Z 발음이 된다

J는 한글의 지읒(ㅈ)으로 발음해도 무방하다. 반면에, 한국인들이 어려워하는 발음은 Z이다. 이것 역시 혀의 위치가 중요하다. Z가 들어 있는 단어를 발음할 때는 혀를 아래 앞니 뒤에 갖다 댄 채 혀끝에 가벼운 진동을 주며 지읒 발음을 내보자. 마치 벌이 날아다닐 때 들리는 소리처럼 말이다.

그런데 단어에 Z는 없지만, Z 발음을 내야 하는 경우가 있다. 두 개의 모음 사이에 있는 S를 발음할 때다. 다시 말해, 다섯 개의 영어 모음 'A, E, I, O, U' 중 두 개의 모음 중간에 S가 끼어 있는 경우라면 그 S의 발음은 Z가 된다. 예를 들어, Jesus라는 단어를 살펴보자. 두 모음 e와 u 사이에 있는 s는 Z 발음으로 내야 하는데, J로 발음하는 경우를 꽤 많이 접했다. 이처럼 S가 두 모음 사이에 위치하면 Z 발음이 되는 경우가 상당히 많기에 발음에 조금 더 주의를 기울여야 한다.

나의 관심과 취미를 공유할 모임에 소속되어라

미국에 들어올 때 나는 한 개의 큰 이민 가방과 어쿠스틱 기타를 가져왔다. 공군에서 군 복무를 하며 독학으로 처음 배웠던 기타가 나에게는 더할 나위 없는 좋은 친구이자 동반자였다. 군 복무가 끝나면 곧바로 유학을 갈 것이었기에 군 복무 중 쉬는 시간 틈틈이 미국 크리스천들이 가장 즐겨 부른다고 알려진 찬양곡 10곡 정도를 곡 코드와 가사를 모두 외울 정도로 연습했다. 2년 동안 다녔던 CFNI에서 차 없이 도보로 갈 수 있는 곳은 학교 앞 주유소와 맥도날드밖에 없었다. 엄격한 기숙사 통금 시간으로 인해 차가 없었던 나는 할 수 있는 것도 그리 많지 않았다.

기숙사에서 생활한 지 3일이 지났다. 저녁 7시쯤 딱히 나갈 곳도 없고 할 것도 없고 영어가 서툴러 미국 친구도 사귀지 못했던 터라 '대체 뭘 하지?' 고민하다 집어 든 것이 내 좋은 친구, 어쿠스틱 기타였다. 기타를 잡고 군대 때부터 즐겨 부르던 영어 찬양들을 혼자 부르기 시작했다. 한 곡 두 곡 심취해서 부르고 있는데, 룸메이트 잭이 옆에 앉더니 본인 기타를 집어 들고 함께 찬양하기 시작했다. 10분이 지났을까? 옆방 친구들이 어쿠스틱 기타, 베이스 기타, 바이올린, 젬베 등을 가지고 와서 자연스럽게 합류해 찬양곡을 부르기 시작했다. 청년 3명이 지내는 그 좁은 공간이 악기들과 찬양하는 사람들로 가득 찼다. 차츰 더 많은 인원이 모여 복도까지 모여들었다.

2시간 정도 각자의 삶의 이야기를 나누고, 부르고 싶은 찬양들을 부르며, 서로 기도해주는 이 아름다운 사건이 딱히 할 게 없어 기타를 들었던 나로부터 시작되었다는 것이 믿기지 않았다. 잭은 매주 수요일마다 오늘 했던 것처럼 다 함께 모여 찬양하며 예배드리자고 말하며 그 장소를 우리 방인 508호로 정하자고 했다. 한순간에 '영어는 어눌하지만 기타를 치며 찬양을 잘하는 아시아인'이라는 존재감이 같은 층에 살고 있던 약 40명의 기숙사생들에게 알려지게 되었다. 이 508호 수요모임은 약 6개월 정도 지속되었다. 그 이후 내 방에는 수많은 미국 친구들이 자연스럽게 모이는 방이 되었다. 방에 있던 컵라면과 햇반, 김치를 먹고 싶어 더 많은 친구들이 몰려오면서 508호는 한국 음식을 공짜로 먹을 수 있는 장소로도 유명해졌다.

서로 깊은 대화를 나누기에는 어려움이 있었지만, 음악이라는 또 다른 언어로 친구들을 사귈 수 있었다. 그 이후, 학교에서 열리는 모든 행사 및 예배에 어쿠스틱 기타가 필요한 곳 어디든 지원하고 봉사했다. 또 내가 관심 있었던 분야 중 하나가 생계가 어려운 아이들을 돕는 일이었는데, '댈러스 메트로 키즈Dallas Metro Kids'라는 단체를 학교에서 돕고 있다는 것을 알게 되었다. 나도 학교 사람들과 매주 한 번씩 그 단체를 찾아가 생활이 어려운 아이들과 게임을 하면서 같이 놀고 간식도 주고 격려했다.

2년 동안 이 단체에서 봉사하면서 이전에는 볼 수 없고 경험할 수 없었던 미국의 여러 문화들을 배우게 되었다. 어려운 아이들을 매주 함께 도왔던 친구들과 10년이 지난 지금까지도 서로 연락하며 지내고 있다. 내가 즐겨 하는 스포츠인 농구, 테니스, 수영 모임을 찾아다니며 끊임없이 친구들도 사귀었다. 미국인들과 잦은 만남으로 자연스러운 대화를 통한 나의 '영어 실력 향상'이라는 이유 때문이었다.

현지인을 '로컬 프렌즈local friends'라고 한다. 로컬 프렌즈를 사귀는 것이 그 나라의 언어 실력을 향상시킴에 있어서 최고의 방법이라는 것을 누구나 알고 있다. 문제는 이 방법이 정말 쉽지 않다는 것이다. 모국어가 아닌 외국어라는 이질감과 부담감으로 인해 사교적인 성향의 사람들조차도 현지인들과 깊은 관계를 갖기란 쉽지 않다. 사교적인 성향의 사람들이 현지에서 외국어를 빨리 습득하기에 유리한 조건을 가진 것은 사실이지만 그들에게도 약점은 있다. 현지인뿐만 아니라 자신과 같은 한국 유학생들도 쉽게 사귀기 때문에 유학 생활이 지날수록 언어와 문화가 같은 한국인들과의 만남이 더 잦아질 가능성이 높다는 것이다. 그렇기에 로컬 프렌즈를 한창 만날 때는 영어가 늘었다가 그 이후로 꾸준히 늘지 않을 수 있다. "미국 유학 왔는데 영어는 커녕 한국말이 더 늘었어요!"라고 말하는 유학생들의 푸념을 듣노라면 마음이 참 씁쓸했다. 모임을 좋아하는 사교적인 사람들이라 할지라도 현지인과 한국 유학생간의 밸런스를 맞추며 사귀기가 쉽지 않다는 것이다.

나는 중국 청도 유학 당시 그 경험을 이미 했었다. 첫 6개월은 중국 친구들과의 사귐이 많아서 처음에는 중국어 실력이 꾸준히 상승했다. 하지만 동시에 큰 한인교회를 출석했는데, 그곳에서 사귀었던 한국 사람들과의 만남이 점점 잦아져, 초기에 늘었던 중국어 실력이 어느 순간 정체해버렸다. 중국에서 이미 했던 실수를 반복하지 않으려고 미국 유학을 시작하며 최대한 한국인들과의 교류를 자제하려고 많은 애를 썼다. 그렇다고 한국인은 경시하고 미국인들만 친구로 사귀려고 했다는 말이 아니다. 미국 유학하며 삶을 함께한 한국 유학생 친구들과 10년이 지난 지금도 서로 연락하며 종종 만난다.

다른 나라에 유학을 하며 현지인 친구를 만든다는 것은 그 나라의 언어 향상과 문화 습득과 직결된다. 특히 20대 이후에 다른 나라에 유학을 갔다면 '자연스럽게' 친구를 사귈 수 있겠지 기대하지 말고 '의도적이며 적극적으로' 친구를 사귀기를 권한다. '의도적이며 적극적으로'는 특별한 것이 아니다. 취미, 음식, 스포츠, 음악 등 당신의 관심사라면 무엇이든 좋다. 친구가 되고 싶은 현지인과 공통의 관심사로 의도적으로 대화를 시작하고 공통의 취미 생활을 함께하는 시간을 적극적으로 늘릴 수 있도록 노력하다 보면 어느 순간 그 친구와 '자연스럽게' 친해질 것이다. 처음 물꼬 트는 것은 어렵지, 일단 물꼬만 트이면 줄줄이 풀릴 것이다. 내가 집어 든 어쿠스틱 기타가 찬양 부르는 것을 좋아하는 친구, 악기 다루는 것을 좋아하는 친구, 한국 음식 좋아하는 친구, 봉사활동 좋아하는 친구, 스포츠 좋아하는 친구를 줄줄이 물어다주었듯이. 영어가 아닌 또 다른 '언어'로 끊임없이 노력하면 사귐까지 이어질 수 있다.

미국에는 우리가 생각하는 것 이상으로 다양한 단체와 모임들이 있다. 그리고 미국 사람들은 자신이 관심 있고 서포트하는 단체에 소속되어 있는 것을 정말 자랑스럽게 여긴다. 미국이 개인주의의 표본이라고는 말하지만, 미국 사람들만큼이나 자신의 '소속감'을 중시하며 자신의 학교나 어느 특정 단체의 이름과 로고가 새겨진 옷들을 즐겨 입고 자랑스럽게 이야기하는 민족도 없는 듯하다. 스무 살이 넘어 미국에 유학을 가게 되었다면 미국인과 깊은 관계를 쌓을 수 있는 가장 좋은 방법은 나의 관심, 흥미, 취미를 공유할 수 있는 단체나 모임에 소속되어 있는 것이다. 미국인에게 어필할 수 있는 나의 관심사가 무엇이 있는지 생각해보고 그 관심사에 관해서는 영어로 대화가 가능하도록 미리 준비한다면 미국에 가서도 그것을 통해 좋은 친구도 사귀고 언어라는 큰 장벽이 점점 허물어지며 영어 실력이 점점 향상되는 나 자신을 보게 될 것이다.

스피킹! 예상 질문들을 뽑아 총알을 만들어라

20대 이전에 미국에서 한 번도 살지 않았던 토종 한국인에게 "영어 리스닝, 스피킹, 리딩, 라이팅 이 4가지 중, 미국에 유학 가면 가장 실력을 향상시키고 싶은 영역은 무엇인가?"라고 묻는다면 아마 백 명이면 백 명 모두 "스피킹"이라고 대답할 것이라 확신한다. 그만큼이나 많은 한국인들은 자신이 하고자 하는 말을 영어로 최대한 자연스럽고 영어스럽게 표현하고 싶어 한다. 리딩은 시간만 할애한다면 영어사전을 찾아가며 언제든지 읽을 수 있고, 리스닝은 원어민과 일대일로 대화하지 않는 한, 내 영어 수준 만큼만 들릴 것이고 나머지는 흘려듣지만 알아 들은 척 고개를 끄덕이면 그만이다. 라이팅 역시 글을 쓸 시간적 여유만 주어진다면 영어사전과 구글링을 통해 실력을 어느 정도는 보완해나갈 수 있다.

하지만 스피킹은 실력이 바로 들통 난다. 발음, 어휘 선택, 문장 구조 이런 것들은 둘째다. 도대체 무엇을 어떻게 말해야 하는지, 어떤 이야기를 꺼내야 하는지, 또 할 이야기가 있다고 하더라도 어떻게 영어로 풀어가야 하는지 등을 생각하다 보면 금세 머릿속이 하얗게 되는 경우가 허다하다. 내 말을 기다리는 모든 이들의 눈길과 관심은 바로 그 순간 대답을 해야 하는 나에게 쏠리는 데다가, 많은 한국인들이 자신의 머릿속에 완벽한 문장이 만들어지지 않으면 자신 있게 말하지 못하는 경우가 대부분이기 때문에 스피킹은 더더욱 어렵게만 느껴진다.

특히 3명 이상 대화나 토론, 논쟁을 할 때 완벽한 문장을 만들려고 문법, 단어, 표현, 발음, 억양, 강세 등을 머릿속으로 생각하다 보면, 그 순간에 상대에게 하고 싶은 말이 있었지만 내 기회는 지나가고 이미 다른 주제로 이야기가 진행되고 있음을 알게 된다. 나 또한 그렇게 그들의 대화에 끌려다니다가 결국 말 한마디도 제대로 못 한 자신을 발견하며 한심하게 느꼈다. 유학 초반에 수도 없이 그랬다. 한국 토박이에게 "영어 잘하고 싶다!"라는 말은 "영어로 말 좀 잘하고 싶다!"라는 것이다.

미국에 온 지 2주일 정도가 지났을 때 나는 자신에게 크게 실망하기 시작했다. 외국인을 환대하는 학교의 분위기와 앞서 말했던 학교 주변 환경 덕분에 많은 미국 친구들이 말을 걸어주며 대화를 시도했던 순간이 많았지만 번번이 내가 그 기회를 제대로 살리지 못했었다. 질문은 알아들었는데 뭐라고 대답해야 하는지 빨리 떠오르지 않았고, 대답하는 것마저도 짧은 답이다 보니 대화는 이내 뚝뚝 끊겼다.

실망을 뒤로하고 '어떻게 대화를 이어갈 수 있을까?' 나름대로 연구하기 시작했다. 그때 한 가지 흥미로운 사실을 발견했다. 친구들의 다양한 질문에서 절대 빠지지 않는 것이 "내가 미국에 무엇을 위해 왔는지"였다. 누군가가 "Albert, what are you here for?"라고 물어보면 나는 항상 "I'm here to study"라고 단답형으로 대답하고 그 이상 무슨 말을 이어 가야 할지 몰랐었다. 그래서 저 질문에 대한 답변부터 구체적으로 생각해보기로 했다. 친구들이 나에게 궁금해할 만한 질문들을 예상해보고 그에 대한 답변을 미리 준비해야겠다는 생각이 들었다. 그래서 친구들이 나에게 물어볼 법한 질문들을 리스트로 만들어 각 질문에 대해 최소 한 문단씩 영작한 뒤 그 내용을 최대한 자연스럽게 말할 수 있도록 몇 번이고 혼자 거울 앞에서 내뱉으며 연습했다.

그렇게 나만의 '영어 스피킹을 위한 노트'를 만들기 시작했다. 왼쪽 페이지에는 예상 질문과 나의 답변을 한글로 써놓고, 오른쪽 페이지에는 그 내용 그대로 영작을 시작했다. 영작하다 보니 정확한 문법이 중요했는데, 첫 수능을 보고 영어 점수에 충격을 받아 재수 기간 동안 열심히 영문법을 공부했던 것이 이때 빛을 보기 시작했다. 또 유학 전에 토플 공부를 하며 외우고 익혔던 단어와 문장 들을 활용해서 영어 사전을 찾아가며 내가 하고 싶은 표현들을 충분히 써내려갔다. '내가 했던 재수와 토플 공부는 지금 이 순간을 위함이리라' 그렇게 생각하니 버릴 것 하나 없었다. '이 순간 내가 써내려가는 영어 답변들도 미래의 내 영어 실력에 초석이 되겠지' 생각하며 열심히 했다. 각 질문에 대한 답변을 총알이라 생각했다. 내가 보유한 총알이 많을수록 이끌어갈 수 있는 대화 또한 많아질 것이라는 확신이 들었다.

영어 스피킹을 위한 노트를 성공적으로 활용할 수 있는 3가지 팁을 공유하고 싶다.

12 STRATEGY

영작 문장을 암기하고 반복 연습하라

첫 번째 팁은, 영작한 문장들을 다 외워서 거울 앞에 서서 자연스럽게 말하는 연습을 하는 것이다. 질문에 대해 어떻게 대답할지 영작만 멋지게 해놓고 외우지 않으면 무슨 소용이 있겠는가. 하지만 외워서 자연스럽게 이야기하기까지가 참 쉽지는 않다. 단 두 문장이라도 제대로 외워야만 누군가가 나에게 돌발적으로 그 질문을 했을 때 순발력 있게 대답할 수 있다.

실전에서는 영작한 것의 30퍼센트 정도밖에 생각이 안 날지도 모르지만 같은 대답을 계속 반복하다 보면 준비한 것의 70퍼센트, 그리고 어느새 100퍼센트 모두 말하고 있는 자신을 발견할 것이다. 부실했던 내 총알들이 완벽해지는 순간이다.

마인드 맵핑을 하라

두 번째 팁은, 영작한 답변과 연관된 예상 질문과 답변 들을 만들고 거기에 살을 덧붙이는 것이다. 영어 스피킹을 위한 노트를 한 달 이상 지속하다 보면 꽤 많은 총알이 생겨날 것이다. 그렇다면 이제는 마인드 맵핑mind mapping을 할 차례다. 더 쉽게 말하자면 내가 이미 영작해놓은 답변의 키워드와 연결된 주제들에 대해 예상 질문과 답변을 또 만들어보는 것이다. 예를 들어 미국 오기 전에 한국에서 군 복무를 했었다고 단답형으로만 대답 했다면, 이제는 군대라는 주제를 조금 더 세분화해서 또 다른 총알을 만들어보는 것이다.

미국 친구들이 궁금해할 법한 한국에서의 군대 제도, 군 복무 중 에피소드, 북한과의 관계 등을 떠올리며 또 다른 총알을 만든다. 연관 주제로 내가 하고자 하는 말을 많이 준비해놓으면 막상 미국인 친구가 나에게 그 주제에 관해 추가 질문을 하지 않더라도 내가 미리 준비한 것을 자연스럽게 말하며 대화를 주도할 수 있게 된다.

Tip

미국인이 '한국인을 처음 만났을 때' 하고 싶은 질문 Top 30

1. 나에 관한 질문들

- **Can you tell me about your family?**
- **What are some of your favorite things to do? Hobbies?**
- **How would your close friends describe you?**
- **Where are you living right now?**
- **How can I contact you?**

2. 한국에 대한 질문들

- **What is South Korea known for?**
- **How is studying here different from studying in South Korea?**
- **What are the top 3 things you would want me to know about Korea?**
- **What's the weather like in South Korea?**
- **Can you teach me how to say hello and thank you in Korean?**

3. 한국을 그리워하는 것에 대한 질문들

- **Are you feeling homesick at all?**
- **What do you miss the most from South Korea?**
- **What meal do you miss the most from your home country?**

- **Do you have any worries being so far away from South Korea?**
- **What is your favorite thing about your hometown that we don‘t have here?**

4. 미국에 온 이유를 물어보는 질문들

- **What made you choose to come to the United States out of so many countries?**
- **What brought you here to the US?**
- **What would you want to accomplish during your stay?**
- **Did your family encourage you to come and study here? Why?**

5. 미국 생활에 관한 질문들

- **How long have you been staying in the US? / How long do you plan on staying here?**
- **What are some American foods that you like?**
- **Are there any places you want to visit and see?**
- **What is your favorite thing about the US so far?**
- **What are the biggest differences you notice between here and South Korea?**
- **Are you experiencing any culture shock? / How are you dealing with culture shock?**

6. 미국 학교 생활에 관한 질문들

- **What is something you like about the school life in the US?**
- **How long have you studied here?**
- **What are you majoring in? / What classes are you taking?**
- **What are/were some challenges studying in the US?**
- **Do you consider staying in this country after your study is over?**

구체적으로 도움을 청하라

세 번째 팁은, 나에게 관심을 보이거나 친절하거나 몇 번의 대화로 조금이나마 친해진 미국인들에게 내가 영어 실력이 늘어서 너와 더 많은 대화를 하고 싶으니 우리의 대화 중에 내가 틀리게 말하는 것이 있으면 고쳐줄 수 있느냐고 솔직하게 도움을 요청하는 것이다. 뻔뻔해 보일 수 있는 요청이지만, 막 친해지기 시작한 외국 친구가 도움을 요청하는데 "No!"라고 거절하기는 쉽지 않을 것이다. 실제로 내가 도움을 청한 미국인 친구들은 한 명도 빠짐없이 내가 모르는 것을 알려주고 내가 틀리게 말하는 것을 고쳐주었다.

전보다 조금 더 친해졌다면 어떻게 도와달라고 구체적으로 이야기하는 것이 중요하다. 나는 친구들에게 원어민이 듣기에 어색한 표현을 미국식 표현으로 바꾸어달라고 하고, 틀리게 발음하는 것 또한 고쳐달라고 부탁했다. 그렇지 않으면 미국 친구들도 나의 어색한 억양과 정확하지 않은 발음에 익숙해져서 본인들이 그러려니 알아서 내 말의 의도를 이해해버리기 때문이다. 그렇게 되면 대화는 계속될지는 몰라도 나의 영어 실력 향상에는 독이 된다. 조금은 귀찮아할지도 모르지만 그 친구와 어떻게든 좋은 관계를 유지하며 구체적으로 부탁해보기를 바란다.

나는 이러한 방법으로 100페이지가 넘는 영어 스피킹을 위한 노트를 만들었다. 6개월 정도 지나자 장전한 총알이 차고 넘쳐서 묻는 질문에 단답형으로 대답하는 수동적인 태도에서 오히려 영어로 미국 친구들과의 대화를 이끄는 능동적인 한국인이 되어 있었다. 내가 자신 있게 질문할 수 있었던 이유는, 상대가 자신의 대답이 끝난 후 나에게 "What about you?(너는 어때)"라고 물어볼 때 씨익 웃으면서 내가 미리 준비한 총알 답변을 멋지게 할 수 있었기 때문이다.

곧 유학을 떠날 계획이라면 지금 당장 영어 스피킹을 위한 노트를 시작하기를 추천한다. 스무 살 이후에 미국에 공부하러 온 사람들에게 부족한 것 중 하나는 바로 '순발력'이다. 그런 면에서 나는 영어 스피킹을 위한 노트를 통해 대화의 순발력을 기를 수 있었다. 물론 이 방법도 한계가 있겠지만, 유학 초반에 나의 서툰 영어를 입에서 익숙하게 나오게 하기에는 이보다 훌륭한 방법은 없을 거라 생각한다.

미국 유학 예정이거나 이미 유학 중이라면 영어 스피킹을 위한 노트와 내가 소개할 정보를 지금부터 잘 활용해서 '아, 이렇게 말하고 싶었는데……' 하는 아쉬움을 갖는 순간들이 없기를 바란다. 내가 6개월 동안 영어 스피킹을 위한 노트로 미국인과 대화하며 발견했던 미국인들의 특징들 또한 나누고자 한다.

대화하고 싶다면 카페테리아로 가라

모든 대학교들은 카페테리아가 있고, 대부분 'All You Can Eat' 뷔페 형식으로 되어 있다. 많은 학생들은 식사가 끝나고도 카페테리아에서 친구와 수다를 떨며 시간을 보낸다. 고등학교 카페테리아의 단조로운 메뉴에서 벗어나 대학교의 뷔페형 메뉴를 처음 접하는 1학년 학생들은 카페테리아에서 가장 쉽게 만날 수 있는 대화 상대라 할 수 있다. 미국에서는 우스갯소리로 "Freshman 15"이라는 말을 한다. 의역하면 "대학교 1학년들은 15파운드(7킬로그램)가 찐다"라는 의미다. 음식을 먹는 가벼운 분위기에서 가벼운 주제로 대화를 시도해보자!

한국에서는 낯선 사람과의 대화 시도가 자칫 오해를 불러일으킬 수 있다. 하지만 영토가 넓고 다양한 민족과 인종이 어울려 살아야 하는 미국인들은 처음 보는 이들을 경계하지 않고 가벼운 대화를 서슴없이 나눈다. 먼저 말을 걸었을 때 낯선 사람이라고 무시하는 미국인을 거의 본 적이 없다. 물론 내가 대학원 공부를 했던 맨해튼처럼 대도시에 사는 사람들은, 심지어 나조차도, 워낙 할 일이 많고 바빠서 모르는 이와 대화를 이어가기 힘들 수 있지만 대부분 내가 만났던 미국인들은 대화하기를 좋아했다. 생각보다 외국인이나 유학생에게 오픈 마인드인 미국인이 많으니 총알을 많이 준비해서 자신감을 가지고 대화를 시도해보라!

16 STRATEGY

누구나 같은 문장 구조와 단어를 즐겨 쓴다

두 번 이상 만나 밥을 먹고 '행 아웃hang out(함께 시간을 보내며 놀기)'을 하면 진짜 친구가 되었다고 볼 수 있다. 나는 미국 친구들이 사용하는 영어 표현들을 주의 깊게 관찰하고 외우고 말하는 재미로 친구들과 대화를 했다.

그 과정에서 1가지 재미있는 사실을 발견했다. 우리도 모국어로 말할 때 자주 쓰는 문장 구조와 단어, 말투가 있듯이 미국 친구들도 각자 본인만의 특색 있는 영어 표현과 어투가 있다는 점이다. 이런 표현들을 분석해서 아는 것이 상당히 중요하다. 그 이유는 그 친구가 다소 어려운 주제의 말을 한다 해도 내가 이미 파악한 그 친구만의 문장 구조와 단어를 잘 벗어나지 않기 때문에 무슨 말을 하는지 금방 캐치할 수 있게 되기 때문이다. 친구는 말투까지 닮는다고 했던가! 어느덧 나도 그 친구가 자주 쓰는 영어 표현이나 단어, 어투 등을 쓰게 될 것이다.

'이제는 평소 말투로 말해달라'고 부탁하라

내 결혼식에 참석하기 위해 비행기를 타고 한국까지 와주었던 조엘이라는 친구와 대학 시절 1년 넘게 조그마한 방에 침대 두 개를 놓고 함께 살았던 적이 있다. 각자의 침대에 누워서 밤을 지새우며 많은 대화들을 나누었다. 워낙 대화하기 좋아하는 조엘과 전화 통화도 정말 많이 했다. 누워서 눈을 감은 채로 조엘의 이야기를 가만히 듣고 있는 것이 내 취미가 되었을 정도다.
나는 조엘이 쓰는 영어 표현이 좋았다. 조엘은 항상 천천히 이야기하며 쉬운 단어와 문장으로 명료하게 말했다. 원래 말투가 그런 줄 알았는데 조엘이 가족과 통화를 하는 것을 들어보니 말하는 속도도 훨씬 빠르고 단어와 문장 구조도 다양한 것을 보고 여태껏 나를 배려하며 이야기해준 것이 고마웠다. 이 경험을 통해 나는 조엘뿐만 아니라 다른 미국 친구들도 나를 배려하며 대화하고 있음을 깨달았다. 그런 친구들을 사귈 수 있었던 것에 참 감사했다.

1년 정도가 지날 무렵, 조엘을 포함한 모든 친구들에게 나도 이제 영어로 말하는 게 익숙해지고 자신감이 붙었으니 이제는 평소 말투로 이야기해달라고 부탁했던 기억이 있다. 당신이 국적을 초월한 진정한 친구를 만난다면 그 친구는 당신을 무척이나 배려하며 말을 할 것이다.

성인들은 일단 뭐라도 알아야 영어가 들린다

어린아이가 모국어를 배우는 순서를 생각해보자. 먼저 부모님의 언어를 수없이 듣고, 그것을 따라 말하고, 글을 배워서 읽고 쓰기 시작한다. 반면에 어른들이 외국어를 배우는 순서는 사람의 성향마다 조금씩은 다르겠지만 어린아이처럼 듣기가 먼저가 될 수 없다. 그래서 스무 살 넘은 어른들이 무작정 영어를 많이 들으면서 "나는 왜 영어가 늘지 않을까?"라고 생각한다면 학습 방법부터 잘못되었다고 말하고 싶다. 성인들은 일단 뭐라도 알아야 영어가 들린다.

나는 뉴욕대학교 교육대학원에서 스무 살 넘은 성인 외국인들의 효과적인 영어 학습법들을 연구하며 공통분모를 발견했다. 성인들은 스스로 외운 영어 단어, 숙어, 문장 구조 등 일단 뭐라도 알고 있어야 영어가 들리고 그 내용을 이해할 수 있다는 점이다. 탄탄한 문법과 다양한 어휘 위에 많은 문장들을 읽고 입으로 표현해본 사람은 어느 누가 이야기하더라도 무조건 들리게 되어 있다. 그런 다음 영어 듣기를 더욱 중점적으로 공부하고 싶을 때 쓰는 방법이 있는데, 그것은 나의 대학원 졸업 연구 프로젝트에 수록된 방법으로서 다시 자세하게 다루도록 하겠다. 여하튼 나 역시도 어느 정도 영어 수준이 올라간 후에 더욱 다양하고 생소한 주제의 리스닝에 치중하기 시작했고 지금까지도 여전히 노력하고 연습하고 있다.

2010년 12월 미국 유학 첫 겨울방학 때, 남아메리카에 위치한 볼리비아로 미션 트립mission trip을 갈 기회가 주어졌다. 학교에서 첫 학기를 지내며 스페인어를 구사하는 학생들을 많이 만나서 관심도 생겼고, 볼리비아에서 유명한 우유니 사막도 꼭 가보고 싶었다. 1980년대에 볼리비아로 선교를 떠나 삶이 어려운 볼리비아 어린이들을 위해 학교를 지어 교육 선교에 힘쓰며 감옥 선교도 30년 넘게 꾸준히 하고 계신 선교사님을 도울 수 있는 시간이었다. 한 달 남짓, 긴 시간은 아니었지만 선교사님으로부터 스페인어를 배울 기회가 있었다. 언어에 관심이 많던 나는 스페인어에 관련된 여러 질문들을 했다. 그중에 아직까지도 기억에 남는 질문이 있다.

“30년 넘게 볼리비아 현지인들과 동고동락하며 사셨던 선교사님에게도 스페인어 대화에 여전히 어려운 부분이 있으신가요?”

“그럼. 30년이 지난 지금도 가끔은 볼리비아 사람들이 쓰는 말을 정확히 이해 못 할 때가 있어.”

의외의 대답이었다. 선교사님이 다시 말씀을 이어가셨다.

“스페인어로 읽고 쓰고 말하는 것은 내가 주체가 되어 하는 아웃풋인 데 반해, 상대의 이야기를 듣고 이해해야 하는 듣기는 내가 원하든 원하지 않든 나에게 들어오는 인풋이지. 나에게 익숙하지 않은 특이한 억양을 상대가 갖고 있거나 내가 알지 못하는 그들만의 문화를 이야기할 때면 참 알아 듣기가 어려워. 그때마다 중요한 사안이면 꼭 다시 물어보지만 그렇지 않다면 그냥 흘려듣고 다른 주제로 대화를 넘기곤 하지."

현지인과 30년 넘게 생활하신 분의 고충을 듣고 나니 익숙하지 않은 생소한 것을 최대한 많이 섭렵해야 나의 영어 실력이 더욱 탄탄해지겠다는 확신이 들었다.

CFNI는 모든 클래스가 오전 9시부터 12시까지였다. 주중 하루도 빠짐없이 학교에 가는 것이 쉽지는 않았지만 한편으로는 12시 이후 시간을 잘 활용할 수 있음에 감사했다. 모든 수업이 12시에 끝나다 보니, 카페테리아의 줄은 항상 길었다. 기본적으로 20~30분은 기다려야 했다. 지루하거나 시간이 아까울 수도 있겠지만, 영어에 목말라 있던 나에게는 앞뒤에 서 있는 친구들과 대화할 수 있는 아주 좋은 기회였다. 또한 뷔페식 카페테리아 덕분에 매일 오후 2시 정도까지 뷔페식을 즐기며 친구들의 다양한 주제의 대화들을 들을 기회가 많았고, 새로운 친구도 사귈 수 있는 귀한 시간이었다.

하지만 얼마 가지 않아 문제가 발생했다. 카페테리아에서 보통은 8명 정도의 친구들과 식사했는데 내가 그 친구들이 하는 대화의 내용을 30퍼센트 정도밖에 알아듣지 못하는 것이었다. 이게 하루이틀 반복되다 보니 안 되겠다 싶어서 친구들에게 동의를 구하고, 아이팟을 테이블 중간에 놓고 친구들의 대화를 녹음했다. 기숙사에 돌아와 녹음한 것을 들으며 분석해보니 내가 그들의 대화를 알아듣지 못한 3가지 경우를 발견했다.

18 STRATEGY

영어 강세와 억양에 익숙해지는 것이 중요하다

알아들을 수 있는 쉬운 표현들도 빠른 속도로 이야기할 때는 대화를 이해하기가 쉽지 않았다. 모든 친구들이 빠르게 이야기하는 것은 아니었지만 유독 빠르게 말하는 특정 친구들이 몇 있었다. 하지만 이 문제는 한 6개월이 지나며 해결되었다. 많은 대화를 통해 그 친구들만의 억양과 발음에 익숙해지니 크게 어렵지 않게 되었다.

실제 말 속도가 빠르지만 정확하게 구사하는 원어민의 영어는 각 단어들의 발음과 강세, 그 사람이 쓰는 문장 억양에 익숙해지기만 한다면 알아듣는 데 크게 어려움을 느끼지 못하게 될 것이다.

전혀 모르는 관용적인 표현들이 나오면 물어보라

두 번째는 이해하기 어려운 관용적인 표현들을 쓸 때였다. 나는 녹음 파일에서 들리기는 하지만 뜻이 이해되지 않는 관용적인 표현들을 종이에 다 적어놓고 룸메이트였던 잭과, 나에게 유독 영어를 친절하게 잘 가르쳐주었던 브래드에게 물어서 정확한 뜻을 알아냈다. 친구들에게 내가 모르는 관용어구의 정확한 뜻을 물어보며 차근차근 배우는 것이 혼자서 영어사전을 뒤지는 것보다 훨씬 더 효과적인 공부법이었다.

시간이 지나며 알게 된 사실은, 미국 친구들이 생각보다 다양한 관용어구를 쓰지 않는다는 것이었다. 오히려 그들이 자주 쓰는 특정한 관용 표현을 같은 상황 때마다 반복적으로 쓰는 편이었다. 이러한 반복 표현들을 습득하니 더 이상 대화 내용에 걸림돌이 되지 않았다.

20 STRATEGY

문화적 배경이 깔린 대화를 이해하려는 전략

세 번째 이유는 미국 문화였다. 문화적 배경이 깔린 대화를 나눌 때는 앞의 두 상황과 전혀 달랐다. 여기서 문화라 함은 미국의 역사와 정치, 지리와 음악, 스포츠는 물론이고 다양한 장르의 책과 영화, 텔레비전 프로그램과 인물들까지 총칭한다. 생전 들어보지도 못했던 인물의 이름을 말하면서 내가 모르는 미국 문화와 관련한 주제로 대화가 이어질 때면 나 혼자 다른 세상에 있는 기분이었다. 마치 한국말을 잘하는 외국인들이 아무리 한국 문화를 잘 이해한다고 해도 자신이 접하지 않은 역사 속 사건이나 인물 들을 모두 다 알 수는 없는 것과 같은 맥락이다.

미국 사람들은 자신의 의견을 뒷받침하기 위해 누구나 알 법한 말을 인용하는 것을 참 좋아한다. 책의 문구, 영화의 대사, 노래 구절, 유명 인물의 명언 등을 인용하며 이야기하는 것을 좋아하기에, 미국 문화를 최대한 많이 알수록 친구들과 더 많은 부분을 공유할 수 있게 된다. 문화적인 측면은 스스로 관심을 가지고 끊임없이 공부해야만 하는 부분이다.

Tip

누구나 알 법한 인용문 10

1. **It is not in the stars to hold our destiny but in ourselves.**
—William Shakespeare
우리의 운명을 잡고 있는 것은 하늘의 별이 아니라 우리 자신이다.

2. **The way to get started is to quit talking and begin doing.**
—Walt Disney
무엇인가를 시작하는 방법은 말하는 것을 멈추고 행동을 시작하는 것이다.

3. **Always remember that you are absolutely unique. Just like everyone else.** —Margaret Mead
다른 모든 사람처럼 당신은 세상에서 유일하고 특별한 존재라는 것을 늘 기억하라.

4. **It is during our darkest moments that we must focus to see the light.** —Aristotle Onassis
가장 어두운 순간이야말로 우리가 빛을 보기 위해 집중해야 하는 때다.

5. **Today you are you! That is truer than true! There is no one alive who is you-er than you!** —Dr. Seuss
오늘 당신은 당신입니다. 이것은 사실보다 더 진실합니다. 살아 있는 어떠한 사람도 당신보다 당신 같은 사람은 없습니다.

6. **The secret of success is to do the common thing uncommonly well.** —John D. Rockefeller Jr.
흔하고 일상적인 일을 흔하지 않을 정도로 잘하는 데 성공의 비밀이 담겨 있습니다.

7. **Nothing is impossible, the word itself says, 'I am possible!'** —Audrey Hepburn
이 세상에 불가능한 것은 없다. 그 문장, 그 자체가 '나는 가능하다!'라고 말해 주고 있다.

8. **Winning isn't everything, but wanting to win is.** —Vince Lombardi
이기는 것이 전부는 아니지만, 이기기를 바란다.

9. **In three words I can sum up everything I've learned about life: it goes on.** —Robert Frost
나는 인생에 배웠던 모든 것을 3단어로 요약할 수 있다: 삶은 계속된다.

10. **Life isn't about finding yourself. Life is about creating yourself.** —George Bernard Shaw
삶은 나를 찾는 것이 아니다. 삶은 나를 창조하는 것이다.

영어 리스닝과 관련해 지인들에게 이런 말을 한 적이 있다.

"영어 전화 통화가 익숙해지기 시작했다면, 당신의 영어 수준은 어딜 가도 준수한 편이다. 처음 듣는 영어 노래가 별다른 노력 없이 들리고 부를 수 있고 그 뜻이 이해된다면, 당신의 영어 수준은 네이티브 직전의 수준이다. 미국인이 하는 스탠드업 코미디를 잘 알아듣는다면 당신은 이미 네이티브 수준이다."

인터넷 발달로 이메일이나 온라인 채팅을 통해 해결할 수 있는 일들이 많아졌지만, 아직도 미국은 전화로 해야 하는 일들이 많다. 유학 생활에서 긴장하는 순간 중 하나가 바로 어떠한 문제를 전화로 해결해야 할 때다. 우리가 대화를 할 때 소리가 차지하는 비율은 38퍼센트밖에 되지 않는다고 한다. 나머지는 얼굴 표정과 입 모양, 손짓, 제스처, 몸의 움직임 등으로 이루어진다. 그런데 전화는 오직 소리로만 상대편의 의견을 이해해야 하고, 나 또한 소리로만 상대편에게 내 의도를 전달해야 하기 때문에 영어가 부족하면 정확한 의사소통이 어렵다. 전화로 뭔가를 해결하는 것이 자연스러워졌다면 지금까지 영어 실력을 늘리기 위해 본인이 한 노력에 어느 정도는 뿌듯해하기 바란다.

영어 노래도 알아듣기가 상당히 어렵다. 그 이유는 문법이 지켜지지 않은 가사들이 대부분이고 은유적인 표현들, 거기에 음까지 섞여 있으니 단어의 강세나 억양을 알기가 쉽지 않기 때문이다. 가사를 눈으로 보고 내용을 이해하는 것은 비교적 쉬울 수 있다. 하지만 노래를 듣고 그 뜻을 완벽하게 이해하기는 쉽지 않다. 미국에서 10년 동안 살았던 나도 뉴욕 브로드웨이 뮤지컬을 볼 때마다 노래의 내용을 이해하기 위해 아직도 애를 쓰는 것은 바로 이런 이유에서다.

스탠드업 코미디를 언급한 이유는, 미국 문화와 정치적·사회적 이슈들을 주제로 다루고 있기 때문이다. 영어만 잘한다고 다 알아듣기는 어렵다. 한국어를 어느 정도 하는 외국인에게 우리나라의 정치·사회·문화를 주제로 하는 프로그램을 틀어준다면 얼마나 이해할 수 있을까? 언어뿐만 아니라 그 나라의 문화 또한 잘 알고 있어야 100퍼센트 가능할 것이다. 자신의 영어 수준을 더욱더 향상시킬 시점이 왔다면 미국의 문화를 깊이 들여다보고 충분히 공부해보기를 권한다.

미국인들이 쓰는
'찐' 영어 표현 배우기

유학을 가기 직전, 부모님께서는 미국에서 많은 것을 경험하고 사진으로 남기라며 카메라 앵글이 360도 돌아가는 니콘 카메라를 선물로 사주셨다. 셀프 카메라를 고화질로 찍을 수 있는 그 카메라는 내가 수많은 친구들을 사귈 수 있도록 돕는 매개체였고, 그 덕에 나는 미국인들이 쓰는 다양한 영어 표현을 배울 수 있는 기회를 얻었다. 지금은 고화질 카메라가 탑재된 스마트폰을 누구나 가지고 다니며 사진을 찍어 SNS에 올리지만, 2010년에는 스마트폰을 소지한 사람들이 그리 많지 않았기 때문에 카메라로 사진을 찍는 경우가 많았다.

어디를 가든 부모님이 사주셨던 카메라를 항상 주머니에 넣고 다니면서 최대한 많은 추억을 남기기로 했다. 심지어 강의 시간에도 카메라 사용을 많이 했다. 아직 영어가 편하지 않은 나로서는 노트 필기를 해가며 강의 내용을 동시에 이해하기가 쉽지 않았기 때문이다. 나는 교수님께 허락을 구한 뒤 모든 강의 자료 및 프레젠테이션을 사진으로 찍었다. 수업 시간마다 필기에 몰두하기보다는 교수님의 강의 내용을 집중해서 들으며 최대한 이해하려고 노력했다. 그 후 사진으로 찍어놓은 강의 자료를 바탕으로 보충·심화 공부를 틈틈이 했다. 이윽고 나는 쉬는 시간에 카메라를 적극 활용하기로 마음먹었다.

여러 모양으로 쉼을 즐기고 있는 친구들에게 다가가 카메라 앵글이 360도 돌아가는 신기한 카메라로 관심을 끌었다. 최대한 많은 친구들과 셀피를 찍기 시작했다. 내 영어 실력은 여전히 부족했지만 신기하게 생긴 내 카메라는 친구들의 이목을 끌기 충분했다. 쉬는 시간마다 신기하게 생긴 카메라를 들이대며 우스꽝스러운 표정으로 여러 친구들과 사진을 찍어대는 나에게 이전에는 눈길조차 주지 않던 도도한 몇몇 미국 학생들마저도 점점 관심을 보이기 시작했다. 그리고 얼마 뒤에는 나와 내 여러 친구들과 함께 찍은 그룹 사진 속에 도도했던 그들도 함께 있었다. 그룹 사진을 셀피 모드로 찍을 때에는 카메라 앵글과 액정 화면을 우리 쪽으로 향하게 돌려놓고 촬영하다 보니 우리가 취하는 다양하고 재미있는 포즈들을 액정 화면으로 볼 수 있어서 촬영 내내 모두들 즐거워했다.

사진을 다 찍고 나서 그 사진을 받아보고 싶은 친구들이 나에게 자연스럽게 물어보는 질문은 바로 페이스북을 하느냐는 것이었다. 나는 군 입대 전 잠시 미국 여행을 할 때 만들었던 페이스북 계정을 알려주었고 친구들과 찍은 셀피 사진들을 그곳에 공유했다. 유학 첫 해에는 매달 수십 장의 사진들을 내 페이스북에 업로드하며 미국 친구들과 소통하기 위해 최선을 다했다. 그리하여 자연스럽게 페이스북 친구들이 늘기 시작했고, 1학기가 끝나니 페이스북 친구 수가 수백 명을 넘어가고 있었다.

페이스북을 하다 보니 크게 2가지 이점이 있었다.

21 STRATEGY

SNS를 통해 얼굴과 이름 철자를 정확히 알 수 있다

첫 번째는 친구들의 얼굴과 이름을 외우는 데 효과적이라는 점이다. 인종이 같은 미국 친구들 중에는 유독 비슷하게 생겨서 얼굴과 이름이 헷갈리는 경우가 있는데, 페이스북 프로필만 잘 확인하면 사진과 이름을 금방 매치할 수 있어 이름을 바꾸어 부르는 실수를 피할 수 있었다. 생소한 영어 이름이나 성을 가지고 있는 친구들의 이름 철자가 정확히 파악되다 보니 내가 먼저 그 친구의 이름을 정확히 불러주며 대화를 시작하기에도 좋았다.

누군가가 멀리서 내 이름을 부르며 반갑게 인사하고 대화를 시작하는데 마다할 사람이 있을까? 게다가 "너 어제 페이스북에 올린 사진 멋지더라! 어디서 찍은 거야?"라고 말하며 자연스러운 이야깃거리까지 만들 수 있으니 말이다.

SNS 댓글에서 발견하는 주옥 같은 표현들

두 번째는 미국인들이 쓰는 '찐' 영어 표현을 배우는 데 그 당시 페이스북이 너무 좋은 플랫폼이자 기회의 장이었다는 점이다. 미국인에게 페이스북은 단지 사진만 공유하는 곳이 아니라 서로의 삶을 나누고 어떤 문제에 의문을 던지며 진지하게 토론을 하는 플랫폼으로 인식되어 있었다. 어떤 친구가 특정 주제에 관한 글을 올리면 짧지 않은 댓글들이 수십 개씩 달렸다.

나는 친구들의 댓글을 하나하나 읽으면서 그들이 사용한 주옥 같은 영어 표현들을 주제와 문맥에 맞게 이해하도록 노력했다. 다음에라도 직접 써보고 싶은 표현들은 스크린 캡처 기능을 통해서 저장해놓고 외웠다. 미국 친구들과의 일상 대화 속에서는 들어보지 못한 진지한 내용의 표현들을 심심찮게 접할 수 있었다. 모르는 것은 놓치지 않고 친구에게 물어보며 최소 2개 이상의 새로운 표현을 매일 쓰려고 노력했다. 때로는 친구에게 유도 질문을 해서 그 표현을 쓸 수밖에 없는 주제로 대화를 이끌곤 했다. SNS를 잘 활용하면 친구도 얻고, 주옥 같은 영어 표현도 얻게 될 것이다.

Tip

일상에서 사용할 수 있는 다양한 영어 표현들

1. 사람을 묘사하는 다양한 형용사들

Happy birthday to the most beautiful, amazing, talented, poised, fierce, thoughtful and astonishing woman this world has ever known.

— 세상에서 가장 아름답고, 멋지고, 뛰어나고, 차분하며, 무엇에도 흔들리지 않고, 사려 깊고, 대단한 아내 생일 축하해.

평소 SNS에 게시물 포스트를 잘 하지 않는 친구들이라 하더라도 생일 축하나 결혼기념일 축하만큼은 글이나 사진을 올리는 경우가 많다. 이런 축하 글에는 다양한 형용사로 축하받을 사람을 묘사한 부분이 빠지지 않는다.

앞의 예문은 내 친구가 본인의 아내 생일을 축하하며 쓴 문구 중 하나다. beautiful(아름다운) 혹은 amazing(멋진)이라는 단어는 한국인들이 쉽게 쓰는 단어이지만, 그 뒤에 나오는 '우아하고 차분한'이란 뜻을 가진 poised는 생소한 단어다. 또한 일반적으로 '사나운'이란 뜻을 가진 fierce가 사람을 묘사하는 단어로 사용될 때에는 '무엇에도 흔들리지 않으며 견고한 중심을 지닌'이라는 긍정적인 의미로 해석할 수 있다. 이것은 영어가 모국어가 아닌 우리가 곧바로 알아챌 수 있는 뜻이 아닐뿐더러 내가 친구의 타임라인에서 이 글을 보지 않았다면 사람을 수식하는 단어로 사용되는 것조차 몰랐을 것이다.

2. 고마움을 나타내는 표현들

My papa was my biggest fan. Even when I felt like I was at my lowest, he never failed to tell me how proud he was of me and how much he loved me. He genuinely loved me so much that he didn't see my flaws.

— 아빠는 저의 가장 큰 지지자였습니다. 심지어 제게 가장 바닥이었던 힘든 순간마저도 아빠는 제가 얼마나 자랑스러운 딸인지 그리고 저를 얼마나 많이 사랑하는지를 저에게 말씀해주셨어요. 그는 저를 진정으로 사랑해서 나의 결점 따위는 보지도 않으셨죠.

사람과의 친밀한 관계를 표현할 때 쓰는 my biggest fan, 그리고 인생에서 가장 힘든 순간을 표현하는 at my lowest라는 표현은 메모해 놓고 쓸 만한 유용한 표현들이다. 단순히 'He loved me'라고 쓰지 않고 genuinely(진정으로)를 넣었고, 얼마나 사랑하는지를 강조하기 위해 쓴 'He didn't see my flaws'라는 표현은 나의 결점마저도 사랑으로 덮어주는 이에게 쓸 수 있는 멋진 영어 표현이다.

3. 격려해주며 용기를 주는 표현들

Honestly, I am not super hopeful that things in our country are going to get better anytime soon, but I CAN control what happens in my life! We control our own happiness and how we react to situations. So either you can let other people's opinions get the best of you, or you can overcome and live in the JOY & FREEDOM that was so freely given.

— 솔직하게 말해서, 나는 우리나라에서 벌어지고 있는 일들이 빠른 시일 내에 좋아질 거라고 생각하지 않아. 하지만 나는 내 인생에서 일어나는 일들은 제어할 수 있어! 우리는 우리의 행복을 정하고 일어나는 상황들에 어떻게 반응할지도 정할 수 있지. 너는 다른 사람들의 의견에 따라 너의 삶이 좌지우지되도록 놔둘 수도 있고, 아니면 그런 의견에 갇히지 않고 우리에게 아무 조건 없이 주어진 기쁨과 자유 안에서 살 수도 있으니 둘 중에 결정하면 돼.

친구 조엘의 누나인 티나는 종종 사람들을 격려하며 용기를 주는 글을 올린다. 이 글에서 가장 많이 배울 수 있는 것은 control이라는 단어를 통한 표현이다. '통제하다' '지배하다'라는 뜻을 가진 control을 다양한 목적어와 결합함으로써 삶에 지친 누군가를 격려해주거나 용기를 주는 표현으로 사용했다.
여기서 control과 비슷한 뜻을 가진 "let~ get the best of you"라는 표현도 눈여겨볼 필요가 있다. 이 표현을 굳이 직역하자면 '~가 너의 가장 좋은 것을 갖도록 하다'라고 해석할 수 있지만 '~이 내 삶을 지배하도록 내버려두다'라는 control의 의미를 내포하고 있다. 문법에는 어긋나지만 티나가 강조하고 싶은 글자들은 모두 대문자로 쓰였다. CAN이나 JOY & FREEDOM은 티나가 이 글에서 특별히 강조하려던 표현이므로 그것과 연결되는 can control과 live in the JOY & FREEDOM에 조금 더 집중해달라는 글의 의도를 파악해야 한다.

페이스북에서 인스타그램이나 클럽하우스와 같은 새로운 SNS로 미국 20~30대의 트랜드가 바뀌고 있다. 20대 이후에 유학을 가려고 준비하고 '언어'와 '관계소통'이라는 두 마리 토끼를 다 잡는 후회 없는 유학 생활을 원한다면 젊은이들이 좋아하는 트랜드를 최대한 빨리 파악하고 지혜롭게 이용하라고 강력하게 추천하고 싶다.

의도하지는 않았지만 나는 니콘 카메라와 페이스북 덕을 톡톡히 보았다. 당신이 유학을 갈 때면 어떤 것이 소위 잘나가는 트랜드인지를 파악하고 그것으로 현지인과 소통할 뿐만 아니라 영어 실력도 향상되기를 바란다.

‘이 단어가 여기서 이런 뜻이라고?’ 묻고 배우기

CFNI는 너무나 보수적인 기독교 학교였다. 보수적인 학교인지라 조금은 황당한 학칙들이 몇 가지 있었다. 예를 들어 “이성 둘이서 밤에 차 안에서 대화를 나눌 때 꼭 등을 켜야 한다’든지 “연인 사이나 심지어 결혼한 사이라 할지라도 손잡는 것 이외의 다른 애정 행각은 캠퍼스 내에서 금한다”라든지, “남자든 여자든 청바지와 티셔츠를 입고 등교하는 것은 허락하지 않으며, 남자들은 긴 면바지와 카라가 있는 셔츠를 입어야 하고 여자들은 무릎 위로 오는 반바지나 짧은 치마를 입을 수 없으며 소매가 없는 셔츠 또한 입어서는 안 된다” 등 과연 여기가 개인의 자유가 보장되는 미국이 맞는 것인가 싶을 정도의 규칙들이 존재했다. 그리고 당연히 동성애가 허락되지 않는 학교였다.

유학 3개월 즈음 2명의 남학생들이 기숙사에서 ‘make out’을 하다가 다른 룸메이트에게 적발되어 곧 퇴학을 당할 것이라는 소문이 있었다. 사실 나는 이 이야기를 들었을 때 그들이 왜 퇴학을 당하는지 정확하게 이해하지 못했다. make out에서 make에만 집중한 나머지, 두 학생이 도대체 무엇을 만들다 적발되었기에 퇴학까지 당하나 궁금할 뿐이었다. 항상 나에게 영어를 자세히 알려주었던, 오하이오주 출신의 브래드에게 물어보니 make out은 무엇을 만드는 것이 아니라 '둘이서 키스하다'라는 뜻이라고 알려주었다. 즉, 동성애를 허락하지 않는 보수적인 기독교 학교에서 두 명의 남자가 키스하다가 걸렸으니 퇴학을 당하게 된다는 의미였다.

딱 그 즈음 나는 'freaking'이라는 단어를 브래드에게 배우고 있었다. 많은 미국 친구들이 freaking이라는 단어를 자주 쓰기에 브래드에게 무슨 뜻이냐고 물어보니 'very much' 정도로 해석하면 되고 예를 들어 "I freaking love you"라고 하면 '나는 정말 너를 사랑한다'라는 뜻으로 해석하면 된다고 알려주었다.

수업이 끝난 후에 나는 브래드와 함께 기숙사로 가서 5층으로 올라가는 엘리베이터를 탔다. 8명의 다른 미국인 학생들도 함께 탔다. 나는 "I freaking love you"를 빨리 써보고 싶었던 나머지, 브래드에게 "I love freaking you"라고 freaking의 위치를 바꾸어서 잘못 내뱉어버렸다. 갑자기 엘리베이터 안이 싸해졌다. 브래드의 얼굴이 새빨개졌다. 엘리베이터 안에 있던 다른 8명이 우리 두 사람을 이상한 눈빛으로 바라보았다. 당황한 브래드는 나에게 그렇게 말하면 안 된다고 알려주며, 다른 8명에게는 내가 미국에 온 지 얼마 안 된 한국인이어서 영어 표현에 서툴다고 설명했다.

엘리베이터에서 함께 내린 후 브래드는 나에게 차근차근 설명해주었다. "I love freaking you"는 '나는 너와 잠을 자고 싶다'는 성적인 의미라고 했다. freaking이 어디에 위치하느냐에 따라 very much가 될 수도 있고 having sex의 의미도 될 수 있었다. 시간이 흘러 여러 친구들에게 들었는데, 내가 엘리베이터에서 브래드에게 "I love freaking you"라고 말했다는 것이 캠퍼스에 돌면서 make out을 하다가 퇴학당한다고 했던 그 두 남학생이 나와 브래드일 것이라는 소문까지 퍼졌다는 것이었다. 지금까지도 친구들과 대화할 때면 빠지지 않는 freaking 에피소드가 브래드에게는 웃프지만 나에게는 결코 잊을 수 없는 재미난 추억이 되었다. 미국 고등학생이나 대학생 들에게 영어 수업을 하다가 그들이 지루해할 때 즈음 끄집어내는 여러 에피소드 중 하나가 되기도 했다.

유학 첫 1~2년차에는 유학 전부터 이미 잘 알고 있던 단어들이 원어민들 사이에서는 원래의 뜻과는 전혀 다른 의미로도 사용되고 있다는 것을 알아차릴 수 있게 된다.

원래의 뜻과 전혀 다른 의미로 쓰이는 단어들이 있다

● So Bad

하루는 오랜만에 만난 친구 한 명이, "Albert, I missed you so bad"라고 말하는 것이었다. 분명 missed you는 확실히 들었는데 그 뒤에 'bad'라고 하니 순간 부정적인 의미로 말했다고 생각해 어떻게 반응해야 할지 몰랐다. 'bad'라는 단어는 누구나 아는 '나쁜'이라는 뜻이다. 그런데 친구의 표정이나 제스처를 보았을 때는 분명 내가 알고 있는 '나쁜'이라는 뜻으로 bad를 쓴 것 같지는 않았다. 늘 그랬듯 친구에게 솔직하게 무슨 뜻이냐 물어보았더니 so bad는 'so much'와 같은 의미라고 설명해주었다. 즉, "I missed you so bad"에서 so bad는 '그리웠다'를 강조한 '무척' '매우'라는 뜻임을 알게 되었다. 그 후에도 미국인 친구들에게서 이 표현을 심심찮게 들을 수 있었고 나 역시도 오랜만에 만난 친구에게 쓰곤 한다.

● Sick

취미가 운동이었던 나는 시간만 나면 체육관에 가서 농구나 수영을 하곤 했다. 특히 팀플레이인 농구를 하면서 재미있는 영어 표현들을 많이 배웠다. 그중 하나가 sick이라는 단어의 또 다른 의미였다. 득

점하기 아주 어려운 위치에서 슛을 쏘았는데 멋지게 들어가자 친구들이 나에게, "Albert, that was sick!"이라고 외쳤다. 나는 너무나도 태연하게 "I'm not sick"이라며 아프지 않다고 말했더니, 친구들이 웃으며 자신들이 금방 쓴 sick의 의미는 awesome처럼 '정말 멋지다'라는 뜻이라고 했다. sick이 '멋지다'라는 뜻으로도 사용된다는 것을 알게 된 나는 무언가가 멋지다고 표현하고 싶을 때마다 sick이라는 단어를 한동안 입에 달고 다녔다.

Tip

뜻을 유추하기 어려운 표현들 20

유학 생활을 하면서 미국인들에게 들었던 수많은 표현 중에, 뜻을 유추해내기가 쉽지 않았던 표현들을 나누고자 한다. 이러한 표현들은 문장 전체와 그 의미를 외워서 활용하는 것이 가장 효과적이다.

1. **Don't spill the beans.** (아무한테도 말하지 마)
2. **Make yourself at home.** (편하게 쉬세요)
3. **There's no way to connect the dots.** (도저히 연관성을 찾을 수가 없어요)
4. **You got a lot of nerve.** (정말 뻔뻔하고 무례하구나)
5. **She's totally low maintenance.** (그녀에게 크게 신경쓰지 않아도 알

아서 잘해요)

6. **Actions have consequences.** (행동에는 그에 따른 결과가 있기 마련이다)

7. **How is New York treating you?** (뉴욕 생활은 어때?)

8. **I don't think that it's your cup of tea.** (당신이 좋아하는 건 아닌 것 같아요)

9. **What's done is done.** (이미 엎질러진 물이야)

10. **There's something fishy.** (무엇인가 이상한 것 같아)

11. **It was a total disaster.** (완전 엉망이었어요)

12. **You're being stubborn as usual.** (평소처럼 고집부리는구나)

13. **She got wind of your little plan.** (그녀가 너의 계획을 눈치챈 것 같아)

14. **I have to take a rain check.** (다음 기회로 미루어야 합니다)

15. **I'm not offended.** (나 기분 안 상했어)

16. **Don't be cocky.** (잘난척하지 마세요)

17. **I was born ready.** (자신 있고 완벽하게 준비되어 있어요)

18. **We bumped into each other in the lobby.** (1층 로비에서 우연히 만났어)

19. **Speaking English like you isn't a walk in the park.** (당신처럼 영어로 말하는 거 쉽지 않아요)

20. **Don't beat around the bush.** (돌려서 말하지 마/솔직하게 이야기해봐)

영어 단어에 관한 일화는 수없이 많다. 그리고 내가 앞으로 영어를 가르치고 배워가는 한, 더 많이 생길 것이다. 중요한 것은 내가 이미 알던 단어가 다른 뜻으로 사용되는 것을 들을 때마다 취해야 하는 나의 자세다. 가장 먼저, '배움에는 끝이 없다'는 것을 인정하고 긍정적인 태도로 '과연 저 단어가 이 상황에서는 무슨 의미로 쓰인 것'인지 궁금해하는 자세를 취해야 한다. 궁금증에서 끝나는 것이 아니라 그 표현을 쓴 사람이나 친한 친구에게 정확한 의미를 자세하게 물어보며 배우고, 추가 예문이나 적절한 상황 등을 알려달라고 해서 그것을 잊어버리지 않도록 잘 기록해두기를 추천한다. 그렇지만 잘 정리해서 기록만 해놓고 내가 직접 안 써보면 무용지물! 배움과 기록에서 멈추지 말고 내 입으로 직접 말해보도록 해야 한다.

나는 미국 유학 1~2년차에 새로 배웠던 영어 단어나 표현 들이 생길 때마다 매일 들고 다녔던 아이팟 메모 앱에 저장해놓고 내가 친구들에게 직접 써본 표현들은 하나씩 지워가며 최대한 새로운 표현을 매일 말해보려고 노력했다. 인터넷에 영어 단어에 대한 다양하고 풍부한 자료들이 많지만, 그런 것에서 한 번에 너무나 많은 내용을 접하게 되면 도리어 기억도 잘 나지 않아서 직접 활용해보기 어려울 수 있다. 그래서 본인이 직접 듣고, 경험하고, 느끼고, 배운 단어와 표현을 의도적으로 사용해보기를 권한다. 그렇게 사용한 단어나 표현은 절대 잊히지 않을 것이고 어느새 자연스럽게 사용하는 자신을 발견할 수 있게 될 것이다.

공휴일과 주말에 친구 따라 부모님 집에 가서 아이 오프닝을 하라

1~2년차 유학생의 주말은 보통 조용히 지나간다. 도시에 살고 있다면 그나마 버스나 지하철을 타고 주변을 놀러 다닐 수 있지만, 그렇지 않은 학교라면 차가 없이는 갈 곳이 많지 않다. 친구들을 사귀어 차를 얻어 탈 수 있다 해도 일반적으로 몰에 가서 쇼핑을 하거나, 주중에 먹을 음식거리를 사러 마트에 가거나 각자의 종교 활동을 하는 것이 일반적이다. 이렇게 사는 삶이 이상하거나 틀렸다는 뜻은 아니다.

추수감사절이나, 독립기념일, 크리스마스, 봄방학(일반적으로 대학들은 3월 중순에 1주일 정도 방학을 한다)이 되면 유학생들은 일반적으로 기숙사에서 쉬거나 짧게 여행을 간다든가 또는 친구를 불러 함께 시간을 보낸다. 미국인들은 공휴일이면 하루든 1주일이든 상관없이 거리가 아주 멀지만 않다면 각자의 집이나 사촌들의 집으로 가서 맛있는 음식을 먹으며 시간을 보낸다. 우리나라와 별반 다르지 않다.

유학 생활을 시작한 지 한 달이 지난 시점에서 기숙사 옆방 친구인 엘리엇이 주말에 부모님 집에서 함께 시간을 보내자며 여러 명을 초대했다. 감사하게 나도 그 자리에 초대받았다. 처음으로 미국 가정집을 경험하는 순간이었다. 제법 큰 이층집에 큰 수영장을 보며 들어갈 때의 순간은 아직도 잊을 수 없다.

엘리엇의 부모님께서는 10명이 넘는 친구들의 음식들을 직접 준비하시며 따뜻하게 우리를 환영해주셨다. 그날 댈러스는 40도가 넘는 더운 날씨였지만, 수영장에서 우리는 시간 가는 줄 모르며 그 순간들을 즐겼다. 영어는 못했지만 영어 찬양을 통해 친구들을 많이 사귄 나는 기타를 가지고 가서 그곳에서도 예배를 드렸다. 부모님들이 그 모습을 좋게 보셨는지 추수감사절에도 나를 초대해주셨다. 추수감사절 3박 4일 동안 미국인들이 어떻게 그 명절을 보내며 어떤 음식들을 먹는지에 대해 하나하나 설명해주셨다. 게다가 엘리엇의 할머니까지 오셔서 풍성하게 섬겨주셨다.

STRATEGY 24

'배려'의 언어는 힘이 있다

나를 가장 잘 알고, 나에게 큰 힘이 되어주었으며, 많은 시간을 함께 보낸 미국 친구들은 댈러스에 사는 데저레Desiree와 시카고에서 온 사촌지간인 조와 조엘이다.

데저레와는 수업을 듣다가 옆에 앉아서 자연스럽게 이야기를 튼 사이다. 영어가 정말 부족했던 나에게 그의 발음과 영어가 이상하리만큼 또박또박 다 들리는 것이었다(참고로 영어에도 남부, 서부, 북부, 동부의 각각의 억양이 있고 남부 발음과 억양이 외국인에게 최악이라는 점을 알아두자). 데저레는 캘리포니아에서 태어나 댈러스로 이사를 와서 그런지 내가 들어본 발음이나 억양 중에 가장 뚜렷했다. 장난기 많은 다른 친구들과는 달리 사람들을 배려하고 생각하는 모습 또한 마음에 들었다. 대부분의 학생들이 고등학교를 졸업하고 바로 왔던 것과 달리 데저레는 다른 대학을 2년 정도 다니다 와서 비교적 나이가 많았던 나와 대화가 잘 통했다. 우리는 어느새 수업을 들으며 서로의 자리를 맡아주는 사이가 되었다. 미국에서 가장 친한 친구끼리 칭하는 '베스티bestie'가 되었다.

친해진 지 몇 달이 지나니 학교에서 20분 거리에 있는 부모님의 집에 가서 세탁도 하고 맛있는 음식도 먹자며 데저레가 나를 초대했다. 기숙사에서는 공동세탁소를 써야 하고 생각보다 돈도 많이 드는 불편함이 있었기에 나는 빨래를 들고 데저레에 집에 갔다. 맛있는 페루 음식들이 준비되어 있었다. 한 번도 먹어보지 못했던 음식들을 데저레의 어머니와 함께 먹으며 데저레의 아버지는 백인이고 어머니는 페루에서 오신 분이라는 것을 알게 되었다. 모녀간의 대화를 들으며 나는 왜 처음에 데저레의 영어가 또박또박 들렸는지를 알 수 있었다.

그 이유는, 영어가 완벽하지 못했던 엄마를 위한 '배려'의 언어와 행동이 데저레에게 있기 때문이었다. 데저레의 아버지와 데저레의 언니도 어머니에게는 천천히 알기 쉬운 영어를 사용해서 대화했다. 서로 다른 문화에서 살아오셨던 두분의 가정에서 자란 데저레의 영어가 한국에서 온 나에게 편할 수밖에 없었던 것이다. 댈러스에서 보낸 3년 반 동안 수도 없이 많이 데저레의 집에 갔다. 데저레에게 연락이 안 되면 데저레의 어머니는 나에게 먼저 연락하셨다. 봄방학 때는 40시간을 운전해서 데저레와 조엘과 함께 갔던 여행 또한 지금까지도 행복한 추억들로 남아 있다. 뉴욕으로 출발하기 직전에 나에게 선물로 주었던 향수와 써주었던 편지는 아직까지도 보관하고 있다.

조와 조엘은 또 다른 계기로 만나게 된 친구들이다. 어느 날 갑자기 2명의 백인 친구가 노크를 하며 내 방으로 들어왔다. 조와 조엘이었다. 다른 층에 살고 있던 2명의 얼굴은 알고 있었지만 친한 친구들은 아니었다. 조엘은 손에 들고 있던 스타벅스 커피콩 1파운드를 나에게 주며 조와 본인 둘 다 나와 친해지고 싶다고 했다. 그 후로 하루도 거르지 않고 내 방을 찾아왔던 두 명과 안 친해질래야 안 친해질 수가 없었다. 조는 아주 재미있고 유머가 넘치는 친구였고 틈만 나면 내 영어 발음과 표현을 가지고 놀리곤 했다. 조엘은 묵직하니 본인이 할 일을 하는 책임감이 강한 친구였다.
그런데 3개월쯤 지나자 둘이서 나에게 갑자기 사과를 하는 것이었다. 처음에 나랑 친해지고 싶었던 이유가 '나랑 친했던 여자 친구들과 친해지고 싶어서 나랑 먼저 친해지려고 했다'며 용서를 구하는 것이었다. 나이가 많고 동양인에다가 듬직해 보였는지 많은 여자 친구들이 나에게 인생 상담을 요청해왔었다.
이미 많이 친해진 나에게 그런 이유는 중요하지 않았기에 그 후로 조와 조엘은 시카고로 나를 공휴일마다 초대했다. 여름방학, 겨울방학, 가족들의 결혼식에까지도 초대했다. 조와 조엘의 친척들이 모이면 약 50명이 넘었다. 조와 조엘의 조부모님은 이탈리아에서 오신 아주 유쾌하고 멋진 분들이셨다. 지금은 천국에 계신 조의 할아버지가 만들어주셨던 피자와, 나에게 늘 따뜻한 말을 해주셨던 모습들을 아직도 잊을 수 없다.

친누나가 미국에서 1년 동안 함께 유학할 때도, 사촌인 주영이, 친한 교회 동생들인 호민이와 영우가 미국에 올 때도 시카고로 초대해 극진한 사랑과 환영을 해주었다. 조의 아버지는 목사님이셨고 어머니는 찬양 인도자셨는데 두분의 삶에는 웃음과 행복이 가득했다. 식사 후에는 모두가 피아노 방에 옹기종기 모여앉아 찬양을 부르고 크리스마스 캐롤을 불렀던 순간들을 잊을 수가 없다. 조의 언어와 행동에 왜 사랑이 넘치고 행복이 넘치는지를 알 수 있었다.

조엘은 조와 달리 어릴 때 부모님께서 헤어지셔서 그런지 책임감이 넘쳤다. 조엘은 내가 누리고 있는 삶을 배우고 싶어 했다. 그 이유는 나의 가족 때문이라고 여러 번 말하며, 내가 미국에 있는 동안에도 혼자 한국에 계신 내 부모님을 찾아가 인사를 드리며 서로의 삶을 나누었다.

한국에서 20년 넘게 살며 단 한 번도 가장 친한 친구들의 부모님과 식사를 해본 적도, 대화를 깊게 나누어본 기억도 없다. 그런 나에게는 그들과 짧게는 하루 길게는 한 달 이상 머물며 다양한 대화를 나누었던 경험은 잊을 수 없다. 이 경험들을 통해 간접적으로 다양한 미국 가정의 문화를 알 수 있었다. 그들의 삶 속에 배어 있는 기쁨과 아픔도 볼 수 있었다.

영어 실력을 키우려면 현지 친구들을 많이 사귀면 된다고 이야기하는 사람들이 많다. 나는 거기에 하나를 더 하고 싶다. 그들의 가족들과 친해지도록 노력하라는 것이다. 공휴일이나 주말에 꼭 친구 따라 부모님 집에 가서 또 다른 아이 오프닝eye-opening(놀라움, 새로움, 깨달음)이 있기를 바란다.

CHAPTER 3

품격을 높이는 영어의 길로

유학생이 사회 보장 번호를 받고 미국에서 합법적으로 일하며 돈도 벌고 공부도 하고 영어 실력까지 늘릴 수 있는 꿀팁을 내가 유학가기 전 미리 알았더라면 더 좋았을 것이라는 아쉬움을 담아 내가 아는 정보를 아낌없이 나눈다. 이 글을 읽는 당신은 내가 누렸던 혜택 이상으로 누릴 수 있기를 바란다.

동참하면 영어도 삶도 레벨 업 된다

CFNI 기숙사는 총 10층으로 되어 있고, 1층을 제외하고는 각 층마다 약 50명의 학생들이 살고 있었다. 매년 새 학기를 시작하는 9월 전에 2층부터 10층까지 각 층을 담당하는 레지던트 어시스턴트Resident Assistant, RA를 2명씩 뽑았다. 그리고 이 RA들을 이끌고 담당하는 리드lead RA 3명을 뽑았다. RA들은 기숙사와 관련한 전반적인 일들을 총괄했다. 기본적으로 기숙사 각 층에 살고 있는 학생들 간의 생활 질서를 잡고, 문제가 생겼을 때 해결해야 하는 역할이 RA들의 주된 임무였다. 나도 입학해서 1년간 우리 층을 담당하던 RA들에게 여러 도움을 받은 터라, 2년차에는 나도 RA가 되어 누군가에게 도움이 되고 싶다는 마음이 들었다. RA로 뽑히면 동일한 비용을 내고 3인실 기숙사 방을 2명에서 쓸 수 있는 특권이 주어졌기에, 새로운 RA를 모집한다는 공고를 보자마자 곧바로 지원했다.

캠퍼스 내 국제 학생들의 비율이 매년 늘어남에 따라, 국제 학생들을 담당할 RA가 필요했던 기숙사 주임은 나를 남자 기숙사 8층 담당 RA로 뽑아주었다. 2학년부터는 801호에서 다른 RA와 둘이서만 방을 쓰게 될 생각에 무척이나 기뻤다. 또한 매주 수요일마다 방 청소 검열을 각 층 담당 RA들이 엄청 깐깐하게 하는데, 이제는 내가 RA가 되었으니 청소 검열을 더 이상 받지 않을 수 있어서 행복했다.

모든 RA가 공통적으로 해야 하는 일은 크게 4가지였다. 첫째, 매주 월요일 아침 회의에 참석하기(첫 회의 때 가보니 나만 동양인이었다). 둘째, 매일 1시간씩 일찍 학교에 등교해서 대리 출석을 하는 학생이 있는지 확인하기. 셋째, 밤 10시 기숙사 통금 시간이 지나면 담당 층의 각 방을 돌며 모든 학생들이 잘 들어왔는지 확인하기. 넷째, 담당 층에서 어떠한 문제가 발생하면 리드 RA에게 알리고 책임감 있게 해결하는 것이 나의 주요 업무였다. 이 업무들 외에, 기독교 학교라 그런지 하루 일과 시작 전인 이른 아침에 내 방문을 두드리고 들어와서는 자신이 겪고 있는 힘든 일이나 고민거리를 털어놓으며 조언을 구하고 같이 기도해달라고 하는 학생들도 꽤 많았다.

이렇듯 RA들은 학생들 사이에서 상징적인 존재들이었다. 유일한 동양인 RA이자 한국인 유학생인 나에게는 한 가지 업무가 더 주어졌다. 나처럼 외국에서 온 국제 학생들에게 여러 방면으로 도움을 주며 그들에게 어떤 문제가 발생하면 해결하는 일이었다. 그때 마침 중고차를 구입하게 되어서 외국에서 온 신입생들의 휴대폰 개통부터 기숙사 생활에 필요한 물품 및 식자재 구입까지 도와주었다. 내 차로 마트에 함께 가주는 것이 내가 신입생이었을 때 누군가에게 받았던 사랑의 빚을 조금이나마 갚는 일이라 생각했다.

매 학기마다 RA들끼리 수련회를 갔고, 학기 마지막 주에는 모든 RA들과 교수님들이 참석하는 연회에도 초대받았다. 미국 사람들에게는 익숙한 모임일지 모르지만, 나에게는 태어나 처음 참석하는 파티였다. 또 한 해를 마무리하며 전체 RA들의 투표를 통해 한 해 동안 가장 솔선수범하며 섬김을 다한 두 명의 RA에게 '서번트 리더십 어워드Servant Leadership Award' 상도 주어졌다. 감사하게도 그해에는 내가 받게 되었다. 3인용 기숙사 방을 똑같은 비용으로 두 명이 살 수 있다는 특권에 매료되어 RA에 지원한 것이었는데 1년간의 RA로서의 삶은, 처음으로 미국 주류 사회를 조금이나마 경험한 값진 선물이었다.

총 21명의 RA들 중에 영어가 모국어가 아닌 유일한 사람이었던 내가 비록 조그마한 대학교 기숙사였지만 미국의 주류 사회를 맛보며 얻은 이점이 2가지 있다.

소속감은 자신감을 키운다

미국은 대표적인 개인주의 국가다. 하지만 내면 깊숙이 들어가보면 그 강한 개인주의로 인해 어딘가에 소속되고 싶은 욕망 또한 강렬하다는 인상을 받는다.

미국인들은 대학교는 물론이고 초등학교 때부터 자신의 학교 이름이나 동아리 이름이 적힌 옷을 사서 입고 다닌다. 자신의 출신을 나타내는 주나 도시의 이름이 적혀 있는 옷을 사서 입고, 자동차 곳곳에도 본인이 속한 단체나 학교 스티커를 붙이고 다닌다. 어떤 방식을 통해서든 자신이 어디에 소속되어 있는지 드러내기를 좋아한다. 미국에서 지난 10년을 살면서 한국과는 크게 다르다고 느낀 점 중 하나였다.

RA가 되자 20명의 다른 RA들이 나를 그저 영어 잘 못하는 동양인이 아닌, 자신들의 팀원의 일부로 온전히 여겨주었고 어떤 모임이든지 텃세 부리지 않고 나를 초대해주었다. 이로 인해 소속감의 중요성을 뼈저리게 느꼈다.

나는 그 소속을 기반으로 또 다른 네트워크가 형성되어 교수님들과 학교 스태프들과도 친밀한 관계를 쌓을 수 있었다. 소속감을 통해 이제 '나도 그들 무리 중에 한 명'이라는 자신감이 생겼고 그 자신감은 미국인들과의 관계 속에서도 빛을 발했다.

26 STRATEGY

나만의 안락 지대에서 벗어나라

1학년 동안 많은 친구들을 사귀며 나는 익숙하기도 하고 평상시에도 자주 쓰는 기본 영어 문장을 총동원해서 내가 하고 싶은 이야기를 할 수 있는 수준에 이르렀다. 하지만 어느 순간 똑같은 단어와 문장으로만 되풀이해서 말하는 것을 도리어 편하게 여기는 나 자신을 발견했다. 그 익숙해져버린 안락 지대에서 탈출하고 싶었다.

이 안락 지대를 깨준 것이 바로 RA 활동이었다. 나도 다른 미국인 RA 친구들과 마찬가지로 똑같이 주어진 업무를 처리하고 매주 회의에 참석하면서 안락 지대에서는 접할 수 없었던 한 차원 높은 단계의 영어를 듣게 되었다.

RA를 하기 전에는 친구들이 영어를 잘 못 하는 나를 배려해서 간결하고 명확하게 이야기해주었는데, RA들 사이에서는 그렇지 못했다. '나'만을 상대하는 것이 아닌 21명 전체 RA들에게 일상 어투로 빠르게 이야기를 하다 보니 못 알아듣는 말이 부지기수였다. 그렇지만 모두 알아들어야 RA로서 주어진 임무를 완수할 수 있었기에, 못 알아들은 것은 함께 RA를 했던 조에게 곧바로 물어보며 이겨나갔다.

익숙한 지대에서 벗어나 날마다 무언가에 도전하다 보니 어느새 내 영어 실력은 한 단계 더 올라가 있었다.

RA로서 누렸던 값진 경험은 유학 2년차에 접어든 토종 한국인이 미국의 주류 사회를 조금이나마 맛볼 수 있었던 통로였다. 영어 사용이 이전보다는 훨씬 편해지기는 했지만 자주 쓰는 영어 단어나 문장 구조를 계속 반복하며 대화를 이어가고 있다면, 그 안락 지대에서 나오기를 권한다.

또 다른 환경에 자신을 노출시켜 새로운 것에 도전하고자 하는 결단이 필요하다. 학교 내에 어떤 모임이나 단체가 있는지 잘 살펴보고 그곳에 1명의 일원으로 소속되기를 권한다. 그곳에서 내가 할 만한 일이 무엇이 있을지 잘 살펴보고 적극적으로 동참하기를 바란다. 당신의 그 도전으로 인해, 언어의 능숙도와 경험치가 훨씬 더 레벨 업될 것이라 확신한다.

유학 1년 만에 교수의 조교가 되다

"월요일부터 금요일, 오후 2시부터 5시까지가 업무 시간이니 제 사무실로 오세요."

나의 첫 상사인 미시즈 피터슨Mrs. Petersen 교수님이 말했다. 피터슨은 CFNI 내 6개의 학부 중에 한 부서를 맡은 담당자였다. 국제 학생 관련 업무를 책임지고 있으면서 수업도 하셨다. 나의 정식 명칭은 학과 조교department assistant였다. 교수님의 스케줄을 정리하고, 학과로 걸려오는 전화를 받고, 채점도 대신 해드리고, 퇴근하기 전에 사무실을 치우는 일이 내 주된 업무였다.

처음 몇 주 동안은 평소에 잘 쓰지 않았던 영어 표현들을 숙지해야 했다. 새로운 환경에 적응하는 것이 쉽지는 않았지만 점점 시간이 지나며 반복되는 업무에 익숙해지기 시작했다. 조교라는 직업을 그리 대단하게 여기지 않을 수 있다. 하지만 미국에 온 지 불과 1년 만에 대학에서 조교를 하고 있다는 사실이 나는 자랑스러웠다.

무엇보다도 하루도 빠지지 않고 3시간씩 조교 일을 하며 영어만 쓰다 보니 나의 영어 실력 향상에 엄청난 도움이 되었다. 또한 10개월 동안 교수의 전담 조교로 일했다는 것은 후에 내가 대학교 편입, 대학원 입학, 그리고 직장을 구할 때, 내 이력서에 빠지지 않을 경력이었다. 특히 추천서reference letter가 중요한 미국 사회에서 학교나 직장을 지원할 때 피터슨은 나를 위해 기꺼이 추천서를 써주셨다.

스무 살이 넘어 유학을 가는 사람들의 고민거리 중 하나는 한국보다 상대적으로 비싼 학비와 생활비를 어떻게 충당하느냐일 것이다. 나는 부모님의 재정 지원 약속을 받고 미국행 비행기를 탔지만 유학 생활 내내 어떻게 하면 비싼 학비와 생활비에 보탬이 될 수 있을까를 고민했다. 유학생 신분(F1 비자 소지자)으로 일하는 것은 원칙적으로 불가능하다. 노동 허가 카드인 EAD Card 없이 일하다가 적발되면 최악의 상황에서는 추방되기도 한다. 그런데 학생 신분으로 미국에서 합법적으로 일할 수 있는 방법이 크게 2가지가 있다.

'캠퍼스 안'에서 일자리를 찾아라

학교 밖에서 일하는 것은 불법이지만, 학교 안에서 일하는 것은 합법이다. 학생이라는 신분 때문에 1주일에 최대 20시간으로 근무 시간이 제한되어 있기는 하지만 유학생에게 이보다 더 좋은 기회는 없다. 몇 개월 이상 일을 해야 한다는 조건도 없을뿐더러 시급 또한 미국인들과 동등하기 때문에 충분히 생활비에 도움이 된다.
일반적으로 유학생을 가장 많이 고용하는 곳은 학교 카페테리아다. 인력이 많이 필요한 곳이기도 하며, 특히 유학 초반에 영어가 다소 부족한 사람들에게는 가장 만만한 직업이다. 본인의 영어 실력이 어느 정도 갖추어져 있다면 국제 학생들을 관리하는 사무실에서 일하는 것을 추천한다. 국제 학생들을 위한 다양한 프로그램과 관련 서류 등 중요한 업무를 처리하는 곳이기에 영어 실력이 부족하면 고용되기 쉽지 않지만, 고용만 된다면 이보다 좋은 곳은 없다.

캠퍼스 내에서 일자리를 찾기 위해 각 부서 게시판에 '모집 공고'를 수시로 체크하라. 공고를 낸 곳의 담당자를 직접 찾아가서 성실하게 잘 할 수 있다는 것을 어필하면 학교에서 일할 수 있는 기회가 올 것이다.

근로 장학생 프로그램을 적극 활용하라

근로 장학생 프로그램은 '일'을 해야지만 주는 장학금이다. 대학교 3~4학년이나 석사/박사과정을 공부하는 학생들이 리서치 조교Research Assistant, RA나 티칭 조교Teaching Assistant, TA를 하면서 장학금을 받곤 하는데, 내가 여기서 설명하고자 하는 '근로 장학생 프로그램'은 대학교 1~2학년에게 주어지는 프로그램이다.

입학할 대학교로부터 입학 허가서I-20를 받으면 1~2학년을 위한 근로 장학생 프로그램이 존재하는지 학교 측에 문의해야 한다. 만약 있다면 지원 방법과 절차를 잘 안내받아 입학하기 전에 근로 장학금 신청을 꼭 완료하기 바란다.

미국을 가기 전에 이런 프로그램이 있는지도 몰랐던 나는 1학년 때는 장학금 혜택을 놓쳐버렸다. 2학년이 되기 전에는 미리 준비한 뒤 2학년 근로 장학생 프로그램을 신청해서 1년간 기회를 잡을 수 있었다.

근로 장학생의 경우 비교적 높은 시급을 받으며 안정적으로 1~2학기에 학교에서 일할 수 있다. 무엇보다도 학비를 감면해주기 때문에 일시불로 지불해야 하는 비싼 학비에 대한 부담을 확실히 줄일 수 있다.

29 STRATEGY

SSN을 받아 일찍 신용을 쌓아라

학교에서 일하면 돈을 벌고 재정 부담을 더는 것 외에도 좋은 점이 또 있다. 그것은 유학 생활에 큰 도움을 줄 사회 보장 번호Social Security Number도 받을 수 있다는 점이다. 하지만 학교에서 일하기로 결정되어도 사회 보장 번호를 받기 전까지 일을 시작할 수 없다. 고용 담당자가 사회 보장 번호를 신청할 수 있는 사무실로 당신을 안내해줄 것이고 신청에 필요한 서류와 여권을 가지고 가서 신청하면 1주일 안에 우편으로 사회 보장 번호를 받을 수 있다.
미국인이든 외국인이든 미국에서 일하기 위해서는 이 카드와 번호가 꼭 필요하다. 사회 보장 번호를 받게 되면 번호는 꼭 외우도록 하고 카드를 분실하지 않도록 해야 한다.

미국인들의 사회 보장 카드와 외국인의 카드는 다르다. 외국인들의 사회 보장 카드에는 "VALID FOR WORK ONLY WITH DHS AUTHORIZATION"이라고 적혀 있다. 국토 안보부의 관할 아래 외국인임에도 불구하고 미국에서 합법적으로 일할 수 있도록 사회 보장 번호를 부여해주지만 미국 시민권자는 아니라는 의미가 내포되어 있다. 하지만 사회 보장 번호만 있으면 미국인들이 누리는 혜택을 똑같이 누릴 수 있다. 예를 들면 사회 보장 번호가 있으면 은행에서 신용카드를 발급해주니 학생 신분임에도 신용 점수를 일찍

부터 쌓을 수 있고(미국은 신용 점수가 높은 것뿐만 아니라 언제부터 쌓았는지도 중요하다), 잘 쌓은 신용 점수는 스마트폰을 구입할 때, 차를 장기 임대하거나 구입할 때, 심지어 집을 계약할 때도 상당히 큰 도움이 된다.

사회 보장 번호를 대학교 2학년 때 받았던 나는 유학 2년차부터 신용카드를 만들어 꾸준히 잘 사용했고 높은 신용 등급으로 일반 유학생들이 쉽게 누릴 수 없는 다양한 혜택들을 받을 수 있었다.

글쓰기의 규칙과 포맷에 따라야 한다

"교수님! APA, MLA, Chicago/Turabian 중에 어떤 포맷으로 글을 써서 제출할까요?"

글쓰기 과제의 포맷을 교수님이 정확하게 언급해주지 않을 때마다 학생들이 꼭 물어보는 질문이다. 이 질문을 접했을 때 이해하지 못했더라도 전혀 놀랄 필요가 없다. 미국에서 고등학교를 졸업하지 않은 사람이라면 모르는 것이 너무나도 자연스럽기 때문이다. APA, MLA, Chicago/Turabian은 미국 대학 및 대학원에서 글을 쓸 때 꼭 따라야 하는 일종의 법칙이다. 각 포맷의 특징을 잘 숙지하고 글을 써야 한다. 각각의 특징과 포맷의 차이점을 잘 알고 유학을 간다면 교수님이 글쓰기 과제를 주실 때마다 자신 있게 해낼 수 있을 것이다. 구글링만 해보아도 어디서든 정보를 얻을 수 있겠지만 내가 주로 이용했던 퍼듀대학교의 'The Purdue Writing Lab' 웹사이트https://owl.purdue.edu에 아주 자세히 잘 정리되어 있어 추천한다. APA, MLA, Chicago/

Turabian의 차이점을 알고 싶다면 퍼듀대학교 웹사이트에 들어간 후에 "APA sample paper" 혹은 "MLA sampler paper"를 검색하면 포맷과 규칙 그리고 예시들을 한눈에 볼 수 있다.

미국식 글쓰기는 '서론, 본론, 결론'에 맞추어 써야 하고 글의 전체적인 주제를 한 문장으로 잘 표현한 주제 문장thesis statement'이 서론에 꼭 들어가 있어야 한다. 본론에는 주제 문장을 뒷받침하는 근거와 자세한 예 들이 서술되어야 하고, 결론에는 주제 문장과 지금까지 나열한 근거들을 바탕으로 간결하지만 강력한 어조로 글을 맺어야 한다. 이러한 글쓰기 규칙은 토플, GRE, GMAT 등을 준비하며 글쓰기를 공부한 학생들이라면 이미 알고 있는 내용일 것이다.

하지만 '왜 미국은 글쓰기조차도 규칙과 포맷이 존재하고 그대로 따라야 하는가?'라는 질문을 던져본 적이 있는가? 질문에 대한 대답은 의외로 간단하다. 미국은 영어뿐만 아니라 다양한 모국어, 문화, 종교, 교육, 생활양식을 지닌 수많은 이민자로 구성된 나라이기 때문에 그들의 출신이나 살아온 배경을 불문하고 모든 사람을 하나로 묶어줄 강력한 법과 규칙이 필요하다. 그렇기에 경찰들의 공권력이 그 어느 나라보다도 강하고, 법을 어겼을 때 치러야 하는 대가가 우리의 상상을 초월한다. 이러한 배경은 학문적인 글쓰기에도 영향을 주었다. 뚜렷한 규칙이나 정해진 틀 없이 그저 자유롭게 글을 쓰게 한다면 다양한 배경을 지닌 미국 사람들이 그 글을 읽고 이해하는 데 혼란스러워할 것이다. 그렇기에 미국에서 교육받은 모든 이들은 자신의 출신과 배경에 상관없이 정해진 틀과 규칙 안에서 글을 쓰고, 그 규칙을 따라 쓴 다른 사람의 글을 읽고 이해하려 한다.

지난 10년 동안 다양한 방식으로 영어라는 언어를 접해왔고 대학원에서 영어 교육을 전공하며 초등학생부터 대학생까지 수많은 미국 학생들을 가르쳐온 내가 결론 내린 '미국 교육의 최종 지향점'은 '읽기와 쓰기의 지속적인 상호 작용을 통해 내 주장을 논리적이고 일관성 있게 표현하는 것'이다. 미국 초등학교에서 일하며 가장 놀랐던 것 중 하나가 초등학교 1학년부터 읽기의 단계가 내용적인 측면뿐만 아니라 단어의 빈도수, 문장의 난이도에 따라 40단계 가까이 세분화되어 있다는 점이다. 그 정도로 읽기를 통해 전반적인 내용 이해와 글쓴이의 생각과 의도를 파악하는 것을 어렸을 때부터 자연스레 훈련한다.

2~3학년이 되면 자신의 생각이나 주장을 직접 써보기 시작한다. 체계적인 글쓰기 방법을 배워 지속적으로 연습하는 것이다. 발표 수업을 통해 자신의 생각을 표현하는 것도 훈련한다. 내가 일했던 초등학교에서는 반의 모든 아이들이 매달 한 번씩 각자가 아끼는 물품을 가져와 친구들 앞에서 소개하고 발표하는 시간이 있었다. 준비한 발표가 끝나면 친구들에게 질문을 받고 대답하면서 자신의 생각이나 의견을 자유롭게 표현했다. 초등학교 4학년 때부터는 창의성을 키우는 자유 주제free writing topic뿐만 아니라 특정 주제에 맞추어서 '논리성'과 '일관성'을 가지고 글을 쓰는 법을 배우고 연습한다. 중학교 과정

에서는 다른 사람의 책을 읽고 자신의 주장을 펼치는 글을 써보는 심화 과정이 추가되고, 고등학교 과정에서는 내 글에 논리적인 타당성을 부여하기 위해 권위자의 글을 인용하는 방법을 배우고, 글쓰기 포맷 중 비교적 쉬운 MLA 스타일을 집중적으로 배운다.

글쓰기 실력의 중요성은 대학교를 지원할 때 가장 두드러진다. 미국의 상위 20 대학교들이 신입생을 선발할 때 합격의 당락을 결정하는 가장 중요한 것이 대학 능력 시험 점수나 고등학교 성적이 아닌, 자신이 어떤 사람인지를 서술한 에세이다. 잘 다져진 글쓰기 실력을 통해 자신의 삶을 얼마나 잘 표현했는지를 본다. 그런 다음 몇몇을 선발해 인터뷰를 진행하며 최종 합격자를 결정한다. 면접관의 질문에 얼마나 자신의 이야기를 잘 어필하며 논리 정연하게 대답하는지가 합격을 결정 짓는 중요한 요소다. 미국 대학이나 대학원에서의 거의 모든 과제와 시험이 글쓰기이다 보니, 미국에서의 교육은 글쓰기로 시작해서 글쓰기로 끝난다고 해도 과언이 아니다. 이토록 강조되는 글쓰기를 스무 살이 넘어 미국에 공부하러 온 유학생들은 어떻게 잘할 수 있을까? 자세한 팁은 뒤에서 다루도록 하겠다.

유학 1~2년차에 영어로 글을 쓸 때 유의할 점들

대학이나 대학원에서의 거의 모든 과제와 시험은 글쓰기이기 때문에 글을 잘 써야 좋은 평가와 성적을 유지할 수 있다. 하지만 스무 살이 넘어 미국에 공부하러 온 유학생들이 영어로 학문적인 글을 쓰는 것은 여간 어려운 일이 아니다. 영어 실력이 부족해서만은 아니다. 요새는 한국 교육에서도 논술이 강조되고 있지만, 내가 받았던 한국 교육에서는 체계적인 '글쓰기'를 통해 의견을 '표현'하는 법을 강조하지 않았기 때문에 글쓰기는 한 번도 제대로 배우지 않았다.

영어로 글을 써내려가는 것도 어려운데 생소한 글쓰기 규칙과 포맷까지 익혀야 하니 앞이 캄캄했다. 그렇다고 미국에서 사용되는 글쓰기 규칙과 포맷을 배우고 따라 한다고 모두가 좋은 글을 쓸 수 있는 것도 아니었다. 그야말로 총체적 난국이었다. 미국식으로 글을 잘 쓰기 위해 꼭 알아야 하는 점과 유용한 팁이 몇 가지 있다.

주제 문장과 아웃라인을 잘 써야 한다

첫 번째는 '좋은 주제 문장 만들기'다. 미국에서 교육받은 사람이면 누구나 가장 먼저 보는 것이 주제 문장이다. 내가 뉴욕에서 교육대학원을 졸업하고 대학교에서 글쓰기를 개별적으로 지도할 때 "What is your thesis statement(너의 주제 문장이 뭐야)?"라는 질문은 절대 빠지지 않는 단골 멘트였다. 글을 읽는 많은 미국인들은 일단 주제 문장을 먼저 읽고, 더 읽어볼지 말지를 결정하는 경우가 대부분이다. 잘 만든 주제 문장은 사람들의 이목을 끌기에 충분하기 때문이다. 이목을 끌어야 하는 사람 중에 당신의 글을 평가하는 교수님도 포함되어 있다는 사실을 잊어서는 안 된다.

'좋은 주제 문장'을 만들 때 주의할 것은, 주제 문장은 하나의 문장으로 구성되어야 하며 그 한 문장 속에 내가 말하고자 하는 주제가 잘 드러날 수 있도록 내용이 '구체적'이어야 한다는 점이다. 한글로 예를 들어 보겠다. "커피를 마시면 여러 이점이 있다"보다는 '매일 아침마다 커피를 한 잔씩 마시면 다양한 질병을 예방할 수 있다"가 보다 더 좋은 주제 문장이다. '매일 아침'을 넣어 언제 마셔야 하는지를 알려주었고, 몇 잔을 마시는지, 그리고 마셔야 하는 이유가 '다양한 질병을 예방하기 위함'이라는 구체적인 이유를 넣었기 때문에 글의 내용이 어떻게 진행될 것인지 유추가 가능하다.

'좋은 주제 문장'은 '자세한 예고편'인 셈이다. 좋은 주제 문장을 만들면 본론에서 주제를 뒷받침하기 위한 근거나 연구 들을 찾을 때 방향성을 제시해주기 때문에 글을 쓰는 사람에게도 중요하다.

두 번째는 '글의 아웃라인을 자세하고 일관성 있게 만들기'다. 아웃라인을 만들지 않고도 글을 쓸 수는 있겠지만 좋은 글을 쓰기는 어렵다. 아웃라인을 자세하고 일관성 있게 짜놓고 글을 쓰면 어떤 것을 써야 할지 명확하게 알 수 있어 중간에 다른 주제로 벗어나지 않아 편리하다.

또한 내가 주장하고자 하는 내용이 일관성이 있는지를 아웃라인을 통해 한눈에 확인할 수 있어서 논리 정연한 글을 쓸 수 있게 된다. 좋은 아웃라인을 만들기 위해서는 독자들의 관심을 끌 만한 서론의 시작, 본론에서 사용할 구체적인 근거와 예시 확보, 전체의 글을 아우르며 잘 요약한 결론을 어떻게 쓸 것인지를 염두에 두어 아웃라인을 만들어야 한다.

유학 1~2년차에 자주 하는 오해

첫 번째는 글쓰기 과제가 있을 때 곧바로 영어로 써야 시간을 줄일 것이라는 오해다. 영어로 글을 쓰는 것이 숙달되었다면 바로 영어로 써도 괜찮지만, 그렇지 않다면 먼저 아웃라인을 짜고 전체 글의 80퍼센트 이상을 한글로 쓴 후에 한 문장씩 영어로 번역하듯이 글을 쓰는 것을 추천한다.

많은 유학생들이 한글로 글을 쓴 후 영어로 옮겨 쓰는 것이 시간 낭비라고 생각하곤 하는데, 직접 해본 사람은 알겠지만 오히려 그 반대다. 영어로 글을 쓰는 것이 익숙하지 않은 상황에서 영어로 곧장 쓰기 시작하면 어느 정도 써내려가다가 맘에 들지 않아 갈아엎기 일쑤다.

학문적인 영어 글쓰기는 논리성과 일관성이 중요한 법인데, 나에게 익숙한 한글로 글의 80퍼센트 이상을 쓰면 문장과 문단 사이에 일관성이 있는 논리 정연한 글을 쓸 수 있고, 무엇보다도 한글로 쓰기 때문에 본인 스스로가 어디를 더 보충해서 써야 할지가 보인다. 그런 후, 영어로 번역하며 글을 써내려가면 글의 내용이나 구성은 이미 한글로 확인했기 때문에 오로지 영작에만 신경 쓸 수 있으므로 도리어 시간을 낭비하지 않게 된다.

두 번째는 내 글을 읽는 독자들이 '이 정도 사실은 당연히 알고 있을 것이라는 오해' 때문에 쓸 내용을 생략해버리는 경우다. 한국은 하나의 문화권 속에서 하나의 언어를 사용하기 때문에 한국인이라면 자연스럽게 알고 당연시하는 것들은 굳이 설명하지 않는 경우가 많다. 이것을 문화적 추측cultural assumption이라고 한다. 하지만 다민족, 다문화, 다인종이 섞여 사는 미국에서 영어로 글을 쓸 때에는 문화적 추측을 꼭 배제해야 한다. 그러기 위해서 나는 내 글을 읽을 독자가 글의 주제와 이를 뒷받침하는 예시들에 관한 배경 지식이 전혀 없다고 여기고, '설마 이런 것까지 설명해야 해?'라고 생각되는 것까지 다 설명하면 된다.
예를 들어, 버락 오바마를 내 글에 언급한다고 가정해보자. 한국적인 사고로는 버락 오바마가 미국 대통령이라는 정도는 누구나 알테니 굳이 추가 설명을 덧붙이지 않아도 되지만, 영어 글쓰기에서는 미국에서 버락 오바마를 모르는 사람이 없다 할지라도 문화적 추측을 배제한 채, 그의 이름 옆에 '미국 44대 대통령'이라는 추가 설명을 덧붙여야 한다.

이렇듯 영어 글쓰기에서는 문화적 추측을 배제하고 내 글을 읽는 독자에게 최대한 모든 것을 자세하게 설명해야 한다는 것을 염두에 두어야 한다.

Tip

자기 소개서 작성은 한글로 먼저

대학교나 대학원에 지원하기 위해 자기 소개서를 작성할 때, 자신이 꼭 하고자 하는 말을 먼저 한글로 적은 다음에 영어로 쓰면 글의 일관성과 표현성을 높일 수 있다. 다음 예시문을 살펴보자.

1. 저는 Steinhardt 학교에서 단순히 배우는 것 외에 성취하고 싶은 것이 2가지 더 있습니다.

—**There are two more specific goals I want to achieve in Steinhardt school other than just learning.**

2. 첫 번째로, 25개국의 다른 국가에서 온 학생들에게 영어를 가르치면서 배웠던 것 중 하나는 가르치는 학생의 문화와 국가의 특성을 알았을 때, 학생이 더 좋은 결과를 나타냈던 것입니다.

—**First of all, learning languages and teaching students from 25 different nations have taught me how students excel in learning English when their culture and national traits are considered in teaching preparation.**

3. 그러므로 저는 각 나라의 문화와 특징에 따른 교육 방법을 연구하고 싶습니다.

—**Therefore, my first goal is to research teaching-learning methods in accordance with different cultures and their attributes.**

4. 또한 TESOL 프로그램에 공부하러 오는 모든 대학원생들이 영어를 가르치는 데 다양한 경험이 있을 것이라고 믿습니다.

—Additionally, I believe most students in the TESOL program have various experiences of teaching English.

5. 따라서 제가 찾았던 효율적인 교육 방법을 공유하며, 미국인이 아닌 국제학생의 관점에서 이 방법들이 모든 문화에서 유용한지 아닌지에 대해서뿐만 아니라, 함께 공부하는 대학원생들이 영어를 가르치는 데 사용했던 방법들을 교수님들, 강사님들, 학생들과 토론하고 싶습니다.

—Accordingly, I would like to discuss different methods of learning-teaching language with professors, instructors, and the students. In doing so, I would like to present effective learning-teaching English methods I have found and ask their opinions on how effective such methods can be in any or all cultures.

미국에서 학문적으로 성공을 하려면 좋은 글쓰기에 대한 기본적인 이해와 충분한 연습이 필요하다. 또한 글이라는 것은 그 나라의 문화와 사고방식이 내재되기 때문에 한국 사람이지만 영어로 글을 쓸 때만큼은 미국 사람들이 공통적으로 따르는 규칙을 내 속에 내재화하는 것이 중요하다. 내가 나눈 팁들이 당신의 영어 글쓰기에 자신감을 불어넣기를 간절히 바란다.

스물다섯 살에도 원어민 발음을 익힐 수 있다

유학 3년차부터였다. 내가 영어로 대화하는 것을 들은 주변 사람들은 한 번씩 꼭 물어보았다. "미국에 언제 왔어요?" 스물다섯 살에 미국에 처음 유학 왔다고 대답하면 다들 믿을 수 없다는 표정을 지었다. 내 영어가 원어민처럼 완벽하지는 않지만, 한국에서 초·중·고등학교를 졸업하고 군대 다녀와서 유학 온 사람치곤 꽤 괜찮은 발음이었기 때문이었다. 뒤따르는 질문은 "발음 연습을 대체 어떻게 하셨어요?"였다. 솔직히 영어 발음을 위해 특별한 훈련이나 공부를 한 적은 없었지만 내가 평소에 즐겨 했던 2가지의 취미 생활이 내 유창한 영어 발음과 직접적인 연관이 있음을 발견했다.

영어 찬양곡을 통해 아티스트들의 발음으로

매주 수요일 오후 4시가 되면 내 자동차 트렁크에는 어쿠스틱 기타, 베이스 기타, 젬베, 각종 앰프들, 마이크 스탠드, 마이크로 차곡차곡 채워졌다. 베이스 기타를 사랑하는 보원이, 드럼과 젬베를 치는 조엘, 일렉 기타를 치는 조, 지금은 말레이시아에서 전 국민이 다 아는 유명한 가수가 되어 있는 엘리자베스, 어쿠스틱 기타를 치는 나까지 모두 모이면 한 차를 타고 텍사스 주립대학교로 향했다. 이 대학교의 BASIC[Brothers and Sisters in Christ]이라는 동아리 예배 모임에 찬양 인도를 부탁받아서였다. 우리는 매주 3~4곡을 준비해 1~2시간 정도 일찍 도착, 찬양 연습을 하며 예배를 준비했다. 비록 15분 정도의 찬양 인도였지만 우리 5명 모두가 기쁜 마음으로 1년을 넘게 섬겼다.

노래 부르는 것을 좋아했던 나는 노래 부를 수 있는 곳이면 어디든지 빠지는 법이 없었고, 어렸을 때부터 피아노, 플루트, 기타를 배워 모르는 노래라 하더라도 악보를 읽고 노래를 곧잘 따라 불렀다. 하지만 미국 기독교 학교에 유학을 와서 처음 찬양곡 악보를 받았을 때는 적지 않게 당황했다. 악보에 멜로디, 코드, 가사가 적혀 있는 한국 악보와는 달리, 멜로디 라인은 전혀 없이 코드와 가사만 있었다. 음악을 전공하는 친구에게 물어보니 미국은 저작권법이 까다롭기 때문에 멜로디 라인까지 모두 갖추어진 정식 악보는 사람수대로 한 부씩 다 구입해야 하고, 정식 악보를 여러 장 복사해서 사용하면 저작권법에 저촉되기 때문에 멜로디를 뺀 코드와 가사만 적힌 악보가 통용된다고 했다.

나는 기타로 코드를 치며 미국 친구들이 부르는 멜로디를 따라서 노래를 불렀다. 평소에는 코드만 있는 악보를 보며 노래를 부르는 것이 별 문제가 되지 않았지만, 예배에 모인 회중을 이끌어야 하는 찬양 인도자의 입장이 되니 여간 부담스럽지 않았다. 노래의 멜로디와 박자를 정확하게 알지 못하면 리더로서 전체 곡을 이끌어가기가 상당히 어려웠다. 그렇다고 매주 3~4곡의 정식 악보들을 구입할 수도 없는 노릇이었다.
찬양곡의 멜로디와 박자를 정확하게 숙지하기 위해서 찬양 인도를 해야 하는 곡을 계속 반복해서 듣고 틈만 나면 불렀다. 그렇게 매주, 1년 넘게 내가 좋아하는 음악을 반복하다 보니 어느덧 각 곡의 멜로디, 박자, 가사가 모두 입에 붙어서 악보를 보지 않고도 기타로 연주하며 찬양곡을 부르는 것이 가능해졌다. 영어 발음을 연습하려고 찬양곡을 불렀던 것은 아니었는데 내가 좋아하는 영어 노래를 계속 듣고 부르다 보니 나도 모르는 사이에 내 영어 발음이 실제 음원에서 나오는 미국 아티스트들의 발음처럼 자연스럽게 된 것이다.

Tip

내가 즐겨 부르던 영어 찬양곡들

1. **〈Your Love Never Fails〉** by Jesus Culture

2. **〈I Want To Know You〉** by Jesus Culture

3. **〈Holy Spirit〉** by Bryan & Katie Torwalt

4. **〈How He loves〉** by David Crowder Band

5. **〈Sinking Deep〉** by Hillsong Young and Free

6. **〈This is Amazing Grace〉** by Phil Wickham

7. **〈O Come to the Altar〉** by Elevation Worship

8. **〈Give Me Faith〉** by Elevation Worship

9. **〈Good Good Father〉** by Chris Tomlin

10. **〈How Great Is Out God〉** by Chris Tomlin

33 STRATEGY

오바마의 연설을 반복해서 따라 해보라

2008년 경남 사천의 비행단에서 군 복무를 하고 있을 때 영국, 호주, 미국에서 공부를 했던 유학파 선임들끼리 했던 말이 기억났다. 당시 오바마가 2008년 미국 대통령 대선을 앞두고 미국 국민들에게 호소하는 연설들이 내무실 텔레비전에 나올 때마다 유학파 선임들은 오바마가 쓰는 영어는 매우 고급스럽고 청중을 압도하는 힘이 있으며 잘 교육받은 사람의 스탠다드 영어라고 말했었다.

시간이 흘러 영어에 대한 두려움이 차츰 없어졌을 유학 3년차가 되었을 때 나는 그 선임들의 말이 떠올랐고, 당시 대통령으로 당선된 오바마의 말투를 따라 하고 싶어졌다. 오바마의 모든 연설 영상과 연설문을 모아놓은 웹사이트https://www.americanrhetoric.com를 찾아서 시간이 날 때마다 오바마의 연설문을 반복해서 들었고, 틈만 나면 그가 쓰는 말투와 억양을 따라 말해보았다.

Tip

오바마 대통령의 연설문

1. **For America, the choice is clear: We choose hope over fear. We see the future not as something out of our control, but as something we can shape for the better through concerted and collective effort.** (2014년 9월 24일)

   우리(미국)에게 선택은 아주 명확합니다. 우리는 두려움보다는 희망을 선택합니다. 우리는 미래를 우리의 의지(통제)와는 전혀 상관없는 것으로 보는 것이 아닌, 모두의 노력을 통해 더 좋은 것으로 만들 수 있는 것으로 보아야 합니다.

2. **One of the best investments we can make in a child's life is high-quality early education.** (2014년 1월 28일)

   우리가 한 아이의 삶에서 할 수 있는 최고의 투자 중 하나는 높은 수준의 유아 교육이다.

3. **I wouldn't be the man I am today, without the woman who agreed to marry me 20 years ago. Let me say this publicly. Michelle, I have never loved you more.** (2012년 11월 6일)

   20년 전에 나와 결혼해주었던 아내가 없었다면 오늘의 나는 있을 수 없습니다. 오늘 여러분에게 말하고 싶습니다. 미셸, 정말 많이 사랑해요.

4. **You can't let your failures define you. You have to let your failures teach you.** (2009년 9월 8일)

당신의 실패가 당신이 누구인지를 결정하게 두지 마세요. 당신의 실패가 당신에게 가르치도록 하세요.

5. **If the people cannot trust their government to do the job for which it exists—to protect them and to promote their common welfare—all else is lost.** (2006년 8월 28일)

만약 국민들을 보호하고 그들의 공동 복지를 위해 존재하는 정부를 국민들이 불신한다면 불신 그 자체로 인해 정부는 모든 것을 잃어버리게 되는 것이다.

영어 발음 향상을 원하는 학생들에게 꼭 알려주고 싶은 것이 있다. 강세stress와 억양intonation을 꼭 염두에 두고 발음 연습을 해야 한다. 단어의 어떤 음절에 강세가 있는지 확인해야 의미 전달이 되기 때문이다. 예를 들어, Canada(캐나다)를 발음한다고 가정하자. 강세를 '캐'에 두어서 발음해야 하는데, '나'에 강세를 두거나 한국식 발음으로 강세 없이 발음하면 미국인의 99퍼센트는 무슨 말인지 이해하지 못하고 한 번 더 되물을 것이다. 억양은 문장의 높낮이다. 문장에 어디가 높고 낮음이 있는지 파악하고 말해야 한다. 억양을 잘 숙지하지 않으면 자연스러운 영어를 구사하기 어렵다.

유학 생활을 하다 보면 나보다 영어 발음이 훨씬 좋지 않은 것 같은 인도인의 말을 미국인들이 훨씬 더 잘 알아듣는 경우를 많이 보았다. 인도 사람들은 영어의 강세와 억양을 완벽하게 구사하며 말하기 때문이다. 단어의 정확한 발음과 강세를 지켰는데도 미국 친구가 내 말을 잘 이해하지 못한다면 내 억양에 더욱 신경 써야 한다. 미국인이 하는 말을 잘 듣고 억양까지 그대로 따라 하면서shadowing 반복적으로 연습하도록 하자.

원어민이 하는 말을 계속 반복해서 듣고 따라 하는 것만으로도 영어 발음은 향상될 수 있다. 하지만 무작정 따라 하기보다 기왕이면 내가 즐기면서 지속적으로 발음 연습을 할 수 있는 활동을 하루 빨리 찾는 것이 중요하다. 당신이 평소 즐기는 무언가로 영어 발음을 정복할 수 있기를!

편입 후 1년 반 만에 졸업이 가능하다

미국 대학 졸업을 하기 위해서는 총 120~130학점을 이수해야 한다. 2~3년제 전문대학인 커뮤니티 칼리지를 통해 4년제 대학 편입을 계획한 학생들은 일반적으로 2학년을 마치고 약 60학점 정도를 이수했을 때 4년제 종합대학으로 편입한다. 나 역시 CFNI에서 2년 동안 67학점을 이수한 후에 '댈러스 뱁티스트대학교Dallas Baptist University, DBU'에 편입했다.

미국에 오기 전부터 나의 유학 목표는 나름 뚜렷했다. 대학교를 다니는 동안은 나의 부족한 영어 실력을 향상시키고 좋은 성적을 받기 위해 온 힘을 쏟고, 대학원은 소위 말하는 미국 상위 학교에 진학해 정말 원하는 공부를 하기로 계획했다. 그런 이유에서인지 내가 진학할 대학교의 명성이나 랭킹은 그리 중요하지 않았다. 영어 실력 향상에 최적의 조건을 갖추고 좋은 성적을 받기에 유리하며 장학금을 많이 주는 학교가 내 유학 목표를 이루어줄 최고의 학교였다. 그런 의미에서 CFNI와 DBU는 최고의 대학교였다. 조기 졸업을 한 후 나는 곧바로 뉴욕대학교 교육대학원에 입학했다.

대부분의 미국 대학은 9월 가을 학기(16주)를 시작으로 겨울 학기 및 방학(6주), 봄 학기(16주), 여름 학기 및 방학(14주)으로 1년 학사 일정이 짜여 있다. 편입을 계획하는 대부분의 학생들은 2학년 봄 학기를 마친 뒤 여름 방학 14주를 쉬고 더 좋은 대학교에 9월 학기 3학년으로 편입하는 것을 목표로 잡는다. 하지만 20대 중반이 되도록 여전히 고졸이었던 나는 어떻게든 빨리 대학 졸업을 앞당기고 싶었다. 남들이 다 쉬는 여름 방학 14주조차 시간이 아까웠다.

나는 CFNI 2학년을 마치자마자 DBU 여름 학기에 곧바로 편입해 공부를 시작했다. 물론 시간적으로 빨리 졸업하고 좋은 대학원을 가겠다는 목표도 있었지만, 무엇보다도 학비 및 비싼 생활비를 조금이라도 줄이고 싶었다. 유학 기간 한 학기가 늘어날수록 학비뿐만 아니라 집 월세, 차 유지비 및 보험비, 식재료비 등 기타 생활비도 함께 늘어났기 때문이다.

DBU를 졸업하려면 총 126학점이 필요했다. 그중 67학점은 CFNI에서 이수했던 터라, 졸업을 위해서는 59학점이 더 필요했다. 편입 직후 나는 여름 학기 12학점(일반적으로 여름 학기를 신청하는 학생들 자체도 많지 않지만 수강한다면 보통 3~6학점을 이수함)을 시작으로, 가을 학기 16학점(봄, 가을 학기에는 일반적으로 12학점에서 많게는 15학점을 이수함), 겨울 학기 3학점(겨울 학기는 워낙 짧아 수업을 신청하는 학생이 거의 없다), 봄 학기 18학점을 이수해 편입 1년 만에 총 49학점을 채워버렸다. 게다가 한 과목을 제외한 모든 수업에서 올 A를 받았다.

졸업을 위한 남은 10학점은 여름 학기에 다 듣고 1년 만에 조기 졸업을 하려고 했는데, 내가 목표한 몇몇 대학원에 지원하기 위해서는 토플, GRE와 같은 각종 시험 점수가 필요해서 여름 동안은 대학원에 필요한 시험 준비를 했다. 그리고 가을 학기에 남은 10학점을 채움으로 꿈에 그리던 조기 졸업이 가능했다. 게다가 잘 관리한 성적으로 대학교 전체 차석 졸업이라는 영예를 안게 되었다. 한국 유학생이 미국 대학에서 1년 반 만에 무려 59학점을 듣는다는 것은 유학해본 사람이라면 정말 쉽지 않은 일임을 인정할 것이다.

나처럼 빨리 대학을 졸업해야 하는 이유가 없다면 굳이 추천하고 싶지 않다. 많은 학점을 단기간에 들으며 좋은 성적을 유지하는 것이 결코 쉽지 않았기 때문이다. 하지만 어떻게 하면 지혜롭게 시간을 잘 활용해 단기간에 많은 학점을 듣고 조기 졸업이 가능한지에 대한 팁을 주고 싶다. 내가 직접 해보고 이루었기 때문에 자신 있게 나누는 미국 대학 편입 팁과 조기 졸업 팁이 편입과 조기 졸업을 준비하는 많은 분들께 도움이 되었으면 한다.

학기마다 온라인 수업을 꼭 한 개씩 수강하라

당신의 미국 친구가 이번 학기 수업을 모두 온라인 수업으로 대체했다고 똑같이 따라 한다면 정말 큰코다칠 것이다. 대부분의 미국 학교에서 외국 유학생은 학기당 1개의 온라인 수업밖에 들을 수 없도록 제한해놓았기 때문이다.

혹시나 실수로 한 학기에 2개의 온라인 수업을 들었다면 나중에 졸업 학점으로 인정해주지 않아 졸업이 유예되거나 오프라인 수업을 추가로 들으면서 학점을 다시 채워야 하는 불상사가 생길 수 있다. 실제로 내 친한 친구 중 1명은 유학생이 많지 않은 학교에 다녔는데, 학교 담당자가 이 사실을 알려주지 않아 학기당 2개씩 온라인 수업을 들은 것이 졸업장을 신청할 때 문제되었고 결국 1년을 더 공부했다. 2020~2021학년도는 코로나로 인해 대부분의 미국 대학과 대학원들이 100퍼센트 온라인 수업을 허용하고 있지만 그래도 낭패를 보지 않으려면 꼭 학교에 문의해야 한다.

온라인 수업이 오프라인 수업보다 학점 따기 쉬울 것이라고 생각하는 사람들이 많은데 결코 그렇지 않다. 내 경험상, 오프라인 수업보다 온라인 수업이 훨씬 강의 내용과 과제가 많았다. 그럼에도 불구하고 매 학기 1개의 온라인 수업 수강을 추천하는 이유는 수강 신청을 할 때 졸업 필수 과목과 선택 과목 스케줄이 서로 겹쳐 어느 것 하나를 포기해야 하는 순간이 꼭 찾아오기 때문이다. 정해진 수업 시간이 없는 온라인 강의를 적극 활용하면 그러한 충돌을 줄일 수 있고 매 학기 학점을 최대한 들을 수 있게 된다.

온라인 수업을 시작했다면 강의 1~2주차 수업이 진행될 때 교수님의 가르치는 성향과 수업 방식 등을 재빠르게 파악하는 것이 중요하다. 정해진 시간과 장소에서 만나지 않고 나의 스케줄에 맞추어서 어디서나 들을 수 있는 것이 온라인 강의의 장점이지만, 시간 관리를 잘 하지 않으면 혼자 들어야 하는 강의와 제출할 과제가 산더미처럼 쌓이게 된다. 또한 주어진 온라인 자료만으로 수업 내용이 이해되지 않을 때가 있으므로 도리어 교실에서 만나지 않는 것이 온라인 수업에 단점으로 작용하는 경우가 많다.

그렇기에 온라인 수업이라도 교수님의 학교 사무실 방문 시간을 꼭 확인하고 특별한 일이 없더라도 1주일에 1번 꼴로 만나서 대화를 나누며 온라인 자료에서 이해되지 않는 강의 내용을 직접 질문하는 것을 추천한다.

계절 학기를 적극 활용하라

미국에 공부하러 왔다면 방학마다 고국으로 돌아가는 것을 지양하기 바란다. 나처럼 계절 학기 수업을 들어 졸업을 앞당길 것을, 혹은 전공 관련 인턴십을 찾아 미리 경험을 쌓을 것을 적극 추천한다.

가을 학기는 보통 12월 10일 전후로 끝나고 곧바로 겨울 학기 및 방학이 시작된다. 겨울 학기는 미국의 최대 명절인 크리스마스와 신년이 있고 다른 학기들에 비해 비교적 짧기 때문에 겨울 학기에 개설되는 꽤 많은 수업들이 봄 학기의 첫 몇 주와 오버랩된다. 봄 학기의 수업들과 겹쳐 해야 할 것이 많을 수 있지만, 겨울 방학 6주 안에 끝내는 과목들보다는 수업을 따라가기가 개인적으로 편했다. 여름 학기는 학교마다 조금씩 다른 스케줄을 가지고 있지만, 일반적으로는 4주, 6주, 8주 수업 이렇게 3종류로 편성된다. 짧은 기간에 한 과목만 할 것인지, 두 달 동안 2~4과목을 수강할지 결정하면 된다.
나는 여름 학기 8주간 총 12학점(4과목)을 이수했다. 방학 기간 동안에 쉬고 싶은 생각이 드는 건 누구나 당연하겠지만 계절 학기를 적극 활용한다면 당신의 노력이 조기 졸업으로 빛나게 될 것이다.

36 STRATEGY

대학 학점을 대체해주는 공인시험에 응시하라

거의 모든 미국 대학에서는 몇몇 교양 수업의 경우 공인시험 점수를 보유한 학생들에게 해당 수업을 면제해주고 시험 점수로 학점을 대체해준다. 총 3가지가 일반적이다. 가장 보편적인 것은 칼리지 보드College Board에서 주관하는 어드밴스드 플레이스먼트Advanced Placement로, 소위 'AP'라고 불린다. 대부분의 미국 고등학교에 이 프로그램이 있고, 공부를 꽤 하는 학생들이 11~12학년(우리나라 고등학교 2~3학년에 해당한다)에 AP 과목을 수강하고 5월에 시험을 치른다.

두 번째는 인터내셔널 바칼로레아International Baccalaureate로, 'IB'라고 한다. 유럽이나 아시아 지역의 고등학교에서 주로 제공하는 프로그램으로 서술형 시험이라 AP 시험보다 더 까다롭다고 알려져 있다.

세 번째는 대학과정 검정고시College-Level Examination Program로, 'CLEP'라고 부른다. 1년에 1번만 응시 기회가 주어지는 AP나 IB 시험과 달리 1년에 시험을 볼 기회가 여러 번 있으며 시험의 난이도 역시 AP나 IB보다 비교적 쉽다. 단, 합격하지 못하면 3개월 정도 기다려야 재응시가 가능하다. 20대 이후에 유학을 간다면 내가 가장 추천하는 시험이다. 나 역시 조기 졸업을 위해 이 시험 점수를 획득했고 학점으로 대체할 수 있었다.

다양한 시험 과목 중에 개인적으로는 수학 관련 시험들을 준비하기를 추천한다. 한국에서 수학을 잘하지 않았더라도 12년의 교육 과정을 무난히 끝냈다면 1~2달의 공부로 합격을 받을 만큼 문제 난이도가 그리 높지 않다. 일단 시험에 패스만 하면 몇 점의 점수를 받았든 상관없이 대학교에서 해당 과목 학점으로 인정받을 수 있다. 대학 성적표에는 'P[pass]'라고만 표시되기 때문에 고득점을 받기 위해 스트레스를 받지 않아도 된다.

대학교 차석 졸업이 실화가 되다

2013년 12월, 대학교 졸업식을 1주일 앞두고 학과 학장님으로부터 연락이 왔다. 내가 이번 졸업식에서 전체 차석을 의미하는 '마그네 쿰 라우데Magna Cum Laude'를 받을 것이라고 하셨다. 내가 미국 대학교에서 차석으로 졸업하게 되다니! 영어 때문에 한국에서 두 번이나 입시에 실패하고 스물다섯 살이라는 늦은 나이에 유학을 시작한 나에게 믿을 수 없는 일이 일어난 것이다.

드디어 기다리고 기다리던 졸업식 날이 되었다. 졸업장 수여식에서 이름만 호명되는 대부분의 학생들과는 달리, 내 이름 앞에는 마그네 쿰 라우데가 함께 호명되며 수많은 사람들의 박수를 받았고 졸업장과 은색으로 도금된 메달을 함께 받았다. 미국에서의 3년 남짓한 유학 생활이 의미 있게 다가오는 순간이자, 부모님의 자랑스러운 아들이 되는 순간이었다.

좋은 성적을 유지할 수 있는 방법론을 다루기 이전에, 분명히 해두어야 할 것이 있다. 미국 유학을 계획할 때부터 유학의 최종 목표는 분명히 잡아두는 것이 아주 중요하다. 졸업장만 무사히 받는 것이 최종 목표인지, 졸업장뿐만 아니라 높은 성적까지도 원하는지를 미리 정해야만 학교의 수준(랭킹) 또한 고려해서 최종 결정할 수 있기 때문이다. 유학생 신분을 유지하기 위해서는 매 학기당(졸업 학기, 계절 학기 제외) 최소 12학점을 이수해야 한다. 스무 살이 넘어 유학길에 오른 사람이 영어로 진행되는 미국 대학교 수업을 매 학기 12학점 이상 들으며 꾸준히 좋은 성적까지 받기란 결코 쉽지 않다.

나는 대학교를 선택할 때, 부족한 영어 실력을 최대한 끌어올리고 높은 성적으로 졸업하는 것을 목표로 삼았기에 대학교 랭킹은 그리 신경쓰지 않았다. 높은 성적을 받아야만 졸업 후 내가 원하는 좋은 대학원에 진학해서 원하는 공부를 마음껏 할 수 있겠다는 판단에서였다. 유학생이라면 누구나 랭킹이 높은 학교에서 유학하고 싶어 하고 나 역시도 그랬지만, 대학에서 높은 성적을 받아 좋은 대학원에 진학하는 꿈을 위해 나는 한 발 뒤로 물러섰다.

결과는 대성공! 작전은 제대로 통했다. DBU에 편입해 1년 반 만에 59학점을 들었는데도 첫 학기 두 과목에서 받은 A−를 제외하고는 모든 과목에서 A와 A+를 받고 전체 차석으로 졸업하게 된 것이다. 영포자(영어포기자)였던 내가 어떻게 미국 대학에서 좋은 성적을 유지하며 차석 졸업까지 할 수 있었을까?

37 STRATEGY

아카데믹 어드바이저와 친해지는 스킬

학기를 시작하기 전, 모든 학생들은 자신의 아카데믹 어드바이저 academic advisor를 만나야 한다. 한국어로는 '지도 교수'라고 많이들 번역하지만, 대부분 실제 교수는 아니고, '대학 생활 및 커리큘럼의 이해를 돕고 학생들이 무사히 졸업할 수 있도록 도와주는 카운슬러'를 말한다. 내가 관찰한 바로는 아카데믹 어드바이저의 업무가 크게 3가지였다.
첫 번째는 학기 초에 열리는 오리엔테이션을 진행해줌으로써 학생들을 맞이하고 성공적인 대학 생활을 위한 여러 정보를 제공해주는 일이다. 두 번째는 담당 학생들을 일대일로 만나 학과 커리큘럼을 자세히 설명해주고 학생들이 학위를 잘 마칠 수 있도록 졸업 필수 과목을 빠뜨리지 않게 매년 학업 계획을 함께 세워주는 일이다. 그리고 마지막 세 번째로는 전공 학과와 관련한 직업 소개와 졸업 이후의 진로에 대한 정보들을 제공해주는 일이다.

나를 담당했던 아카데믹 어드바이저와의 첫 미팅이 아직도 생생하다. 나는 약속 시간보다 1시간 정도 일찍 갔다. 그날은 오피스 안에서 일대일 미팅을 진행하지 않고 밖에 놓인 테이블에서 순차적으로 학생들을 만나고 계셨다. 오피스 밖에서 회의가 진행되다 보니, 본의 아니게 내 앞 순서 학생들과의 미팅 내용을 들을 수 있었다. 한 명은 미국인이었고 다른 한 명은 한국인 유학생이었는데, 그 두 사람의 미팅에서 제공되는 정보의 질과 양의 차이는 가히 충격적이었다. 미국 학생과의 미팅은 일단 긴 시간을 할애해서 각 수업에 대해 자세히 설명해주셨고 다음 미팅 스케쥴까지 잡으며 화기애애한 대화가 오가는 반면에, 한국인 유학생과의 미팅에서는 수업에 대한 기본 정보만 주시고는 별다른 이야기 없이 금방 끝나버렸다. 누군가는 이 광경을 보며 인종 차별 아니냐는 둥, 유학생의 영어 실력 때문에 어쩔 수 없는 현실이라는 둥 여러 의견으로 나뉠 수 있겠지만, 그보다도 나는 어드바이저와의 관계를 능숙하게 발전시키는 미국 학생의 남다른 스킬에 주목했다.

드디어 내 미팅 차례가 되었다. 미국 학생과의 미팅 분위기를 떠올리며 무작정 필요한 정보를 어드바이저에게 캐내려고 하기보다는, 첫 만남이다 보니 내 소개를 자세히 하며 어떤 부분에서 도움이 필요한지, 어떤 목표와 계획을 갖고 있는지에 대해 자세히 이야기해드렸다. 예상한 대로 화기애애한 미팅 분위기에서 다양한 정보가 제공되었다. 그 이후로도 다음 미팅 스케쥴을 계속 잡으며 어드바이저와의 호의적인 관계를 발전시켜나갔다.
학기가 시작하는 첫 달에는 어드바이저와 매주 만났으며, 그 이후에도 잦은 미팅 기회를 만들었다. 미팅 때마다 수업 관련 정보뿐만 아니라 교수님들에 관한 디테일한 정보들까지도 많이 받을 수 있었다.

내가 주로 궁금했던 것은 각 교수님의 수업에 대한 평판과 그분들의 수업 방식이었다. 사람마다 기준이 다르겠지만 나에게 있어 '좋은 교수님'이라 함은 연구 실적이 좋은 똑똑한 교수님이라기보다는, 제공되는 수업이 전체적으로 잘 정리되어 있고 수업 진행 스타일이 깔끔하며 무엇보다도 점수를 후하게 잘 주시는 분을 의미했다. 나는 어드바이저와 쌓은 좋은 관계를 통해 교수님들의 정보를 많이 받을 수 있었고, 그것을 바탕으로 매 학기 수강 신청을 하고 그에 따른 학기 플랜을 짜서 철저히 공부했다.

어드바이저가 제공해주는 수업 정보 외에도 교수님들의 첫 수업과 강의 계획서syllabus, 이미 수강했던 선배님들의 조언, 그리고 www.ratemyprofessor.com라는 웹사이트를 통해 각 교수님의 수업 정보를 알 수 있었다. 특히 이 웹사이트에는 거의 모든 미국 학교 교수님들에 관한 평가가 나와 있다. 100퍼센트 맞는 것은 아니지만 수강 신청 때 많은 도움이 되었다.

지금이라도 즐겨 할 수 있는 운동 시작하기

대학교 공부 자체도 힘든데 모든 것을 영어로 해야 하니 절대적인 시간이 부족할 수밖에 없었다. 읽을 것도 외울 것도 쓸 것도 많은데 시간마저 부족하니 잠을 줄이고 줄이다 밤을 새운 적이 하루 이틀이 아니다. 특히 편입하고 매 학기 무리하게 학점을 채우며 수업을 들을 때는 1주일에 최소 이틀은 밤을 꼬박 새웠던 것 같다. 누구에게나 그렇듯, 밤을 새운다는 것이 나에게도 쉬운 일은 아니었다. 하지만 어렸을 때부터 수영, 달리기, 테니스, 농구를 꾸준하게 즐겨 했던 것이 대학 생활을 버틸 수 있는 기본 체력이자 원동력이 되었다. 미국에서 공부하면서 가장 놀라웠던 것 중 하나는 함께 밤을 새워서 공부한 미국인 친구들이 그다음 날 멀쩡하게 수업을 듣고, 끝나고 일까지 하러 가는 것을 보았을 때였다. 처음에는 '미국인들은 원래 체력이 좋구나'라고 생각했다. 하지만 미국의 초·중·고등학교 교육 과정을 보니 12년 동안 체육 수업이 의무 수업으로 행해지고 있었다. 어느 학교나 다양한 스포츠 프로그램들이 잘 짜여 있어서 학생 누구나 참여할 수 있도록 격려하고 지원해준다는 사실도 알게 되었다. 어릴 때부터 다양한 운동을 통해 다져진 강한 기초 체력을 가진 미국인 못지 않으려면, 지금 당장이라도 당신이 즐겨 할 수 있는 운동을 찾아서 시작할 것을 권한다. 체력이 국력이고, 강한 체력이 바쁜 대학 생활을 버틸 힘을 제공할 것이다.

39 STRATEGY

시험 위주와 페이퍼 위주의 과목들 간 밸런스 맞추기

과목의 특성으로 인해 수학, 과학, 공학, 컴퓨터 등의 이과 수업들은 일반적으로 시험 점수 비중이 크고 언어, 정치, 사회, 역사 등의 문과 수업들은 페이퍼paper 점수 비중이 크다. 하지만 각 교수님마다 학생들을 평가하는 항목과 그에 따른 점수 비중이 다르기 때문에 첫 수업에서 나누어주시는 강의 계획서를 눈여겨보아야 한다. 강의 계획서 안에는 매주 배울 수업의 주제가 무엇인지, 과제와 시험의 퍼센트 비중이 어떻게 되는지, 과제는 무엇이고 언제까지 내야 하는지, 중간·기말고사는 정해진 날짜에 시험을 치는 것인지 혹은 페이퍼 제출이나 개인 발표로 대체되는지 등의 정보가 상세히 기록되어 있다. 전공 과목이나 졸업 필수 과목들은 선택의 여지가 없지만, 교양이나 선택 과목이라면 강의 계획서를 참고해서 한 학기 동안 계속 수강할 것인지, 혹은 다른 과목으로 변경할 것인지를 곧바로 결정할 수 있다.

내가 매 학기 수강 신청에서 가장 고민했던 것은 시험 위주의 수업과 페이퍼 위주 수업 간의 밸런스를 맞추는 것이었다. 시험 위주의 수업들은 매 수업 내용을 평소에 잘 이해하고 있다가 시험 날짜가 다가오면 며칠 빠짝 공부해서 충분히 고득점을 받을 수 있는 반면에, 페이퍼 위주의 수업들은 특정 주제에 대해 보통 열 장 이상의 글을 써야 하기 때문에 어떻게 내 글을 풀어나갈지 순차적으로 준비해야 했고 틈만 나면 글을 써야 했다.

이렇듯 두 스타일의 공부법이 너무나도 달랐기에, 좋은 성적을 매 학기마다 유지하기 위해서는 시험 위주 수업과 페이퍼 위주 수업을 적절히 배분하는 것이 필수적이었다. 타 수업에 비해 지나치게 과제나 시험이 많은 수업은 과감히 수강 취소하거나 비교적 덜 바쁜 학기에 수강하기를 추천한다. 대학에서 들은 수업 중 가장 힘들었던 수업이 바로 세계사 수업이었는데, 시험이 한 학기에 무려 6번이나 있었고 수업 마지막 날에 10장짜리 페이퍼까지 제출해야 했다. 배운 것들은 정말 많았지만 그 수업 때문에 가장 힘든 학기를 보냈던 기억이 있다.

나만의 특별함을 찾는 방법

졸업을 한 학기 앞두고 주변 지인들이 물었다. "진구야, OPT 신청했지?" 나의 대답은 이 질문을 했던 모든 사람들을 놀라게 했다. "아니요. 바로 대학원에 가려고요." 학생 비자로 미국에 온 유학생들에게 졸업 후에 합법적으로 일하게 해주는 유일한 제도가 바로 OPT[Optional Practical Training]다. OPT 기간은 일반적으로는 1년이고, 이공계 전공은 3년까지 연장이 가능하다. 따라서 OPT를 사용하지 않는 사람들은 거의 없다. 이 기간 동안 자신이 일하는 회사에서 능력을 인정받게 되면 1년에 1번 지원할 수 있는 미국 취업 비자를 신청할 수 있는 기회가 생기고, 영주권 취득까지 이어질 수 있다. 학교 졸업 후 OPT로 시작해서 취업 비자, 영주권까지 받는 것이 이민을 꿈꾸는 모든 유학생들의 아메리칸 드림[American dream]이다. 아메리칸 드림의 첫 단추인 OPT를 내가 신청조차 하지 않았다고 하니, 내 대답을 들은 주변 지인들이 놀란 것은 당연했다.

유학생이라면 OPT라는 기회가 달콤하겠지만 재수, 중국 유학, 군복무, 그리고 스물다섯 살에 미국에서 첫 대학 생활을 시작한 나에게는 큰 매력으로 다가오지 않았다. 대학 졸업 후 곧바로 최고의 대학원에 진학해서 하고 싶은 공부를 마음껏 할 기대감에 차 있었기 때문이었다. OPT는 대학원을 졸업하면서 신청해도 늦지 않다는 판단에서였다.

그런데 마지막 학기를 남겨둔 스물여덟 대학생이었던 나에게는 상당히 큰 고민거리가 있었다. 대학원까지 진학할 정도로 '내가 전문적으로 공부하고자 하는 것'이 무엇이며, 그것을 통해서 '나'라는 존재를 어떻게 잘 나타낼 수 있을까? '이웃을 돕자'라는 큰 목표는 있었지만 무엇을 어떻게 도울 수 있을지에 대한 구체적인 계획은 없었기 때문에 생긴 고민거리였다.

고민 중에 맥스 루케이도 목사님이 쓰신 《일상의 치유》라는 책이 나의 결정에 큰 도움이 되었다. 이 책은 첫 번째 챕터에서 자신만의 특별함을 찾는 방법을 소개하고 있었다. "당신이 계속 잘해왔던 것, 다른 사람들로부터 칭찬 받아왔던 것들은 무엇인가?" "당신이 좋아했던 것들은 무엇인가?"라는 두 질문에 대한 답을 노트에 써 내려가라고 했다. 이 2가지 질문의 답변들에서 공통적으로 적은 것들이 나만의 특별함이고 그것이 바로 하나님이 주신 선물이라고 소개하고 있었다.

나도 적어보았더니 공통적인 답변이자 나만의 특별함을 나타내준 것은 바로 '언어'라는 사실을 알게 되었다. 스무 살이 넘어 중국어, 스페인어, 영어, 그리고 히브리어까지 언어를 새롭게 배울 기회가 있을 때마다 선생님과 담당 교수님 들은 남들보다 빨리 습득하는 나에게 아낌없이 칭찬을 해주셨다. 수능 영어 때문에 실패를 맛보았던 나였지만 어느 순간 새로운 언어를 배울 때마다 시간가는 줄 모를 정도로 푹 빠져서 공부했고, 그 언어의 특징과 문법, 단어 들을 외우며 원어민을 따라 하며 연습하는 것이 즐거웠던 나 자신을 발견했다. 현지인들도 내 중국어, 영어, 스페인어 실력을 칭찬해주었고, 많은 한국인들이 외국어를 어떻게 하면 잘하는지 물어보며 나의 탁월함을 인정해주었다. 무엇보다도 '언어'를 통해 내가 조금이나마 누군가에게 도움될 때가 행복하고 뿌듯했다.

이 과정을 통해서 확실하게 알 수 있었던 것은 나의 특별함은 언어와 연결되어 있다는 것과, 내가 가장 잘하면서 좋아하는 일은 아이러니하게도 내가 가장 못 했던 영어를 누군가에게 잘 가르쳐주는 일임을 깨달았다. 이전의 나처럼 영어 때문에 힘들어하는 사람들에게 누구보다도 알기 쉽게 영어를 가르치는 사람이 되기로 다짐했다.

"지금의 당신을 만든 주요 요인들은 무엇인가What are major factors that shape who you are today?"

지금 이 글을 읽는 당신이 이 질문을 받게 된다면 무엇이라고 대답할 것인가? 자신만의 독특함을 찾고, 내가 이웃에게 어떻게 선한 영향력을 끼칠까를 진지하게 생각해보는 것은 진로 결정의 관문과도 같은 과정이다. 지금도 나는 인생의 다음 단계로 넘어갈 때마다 자신에게 같은 질문을 던지곤 한다.

"지난 5년간 나만의 독특함은 무엇이었고, 그것을 어떻게 지혜롭게 사용해서 사회에 선한 영향력을 끼칠 수 있을 것인가?"

**

"Look back over your life. What have you consistently done well? What have you loved to do? Stand at the intersection of your affections and successes and find your uniqueness."

—맥스 루케이도, 《일상의 치유Cure For the Common Life》

CHAPTER 4

미국인스러운 영어에 도전하다

대학원 공부와 병행하며 틈틈이 스피킹 훈련을 나 홀로 해야 했기에, 댈러스에서 보았던 두 편의 드라마를 스피킹 도구로 활용해야겠다는 생각이 들었다. 댈러스에서는 내가 모르는 '미국스러운' 영어 표현을 습득하는 데 집중했다면, 지금은 그 미국스러운 표현들을 진짜 '미국인스럽게' 자연스럽게 말하는 연습이 필요했다.

세계의 중심이자 영어 교육의 메카 뉴욕으로 가다

공군에 입대하기 전인 2007년 11월에 한 달 동안 미국 여행을 할 기회가 생겨 버스, 기차, 비행기를 타고 서부, 중부, 동부의 유명한 도시들을 돌아보았다. 대부분의 여행지에는 지인들이 있었고 그분들에게서 제공받은 따뜻한 잠자리와 맛있는 음식들을 누리며 감사한 시간들을 보냈다. 하지만 '뉴욕 맨해튼'만큼은 아는 지인들이 있음에도 불구하고 민박을 선택했다. 4일 동안 핫도그, 피자, 베이글을 주구장창 먹었지만 질리지도 않았다. 맨해튼에서 찍었던 사진이 3주 동안 여행하면서 찍었던 다른 도시에서의 사진들보다도 더 많았다. 걷고 또 걸으면서 당시 〈거침없이 하이킥〉이라는 시트콤으로 유명했던 배우 서민정 씨도 길에서 우연히 만났다. 한국으로 돌아오는 비행기 안에서도 그 어떤 곳보다 내 마음속에 깊이 자리 잡았던 곳이 뉴욕 맨해튼이었다.

2014년 1월, 친구 조엘과 함께 텍사스 댈러스에서 뉴욕 맨해튼으로 출발했다. 앞 좌석을 제외한 차의 모든 공간은 나의 이삿짐으로 가득 채웠다. 약 24시간의 운전 끝에 내가 공부할 곳, 그리고 내 일상이 될 뉴욕대학교에 도착했다. 조엘과 차에서 내려 눈으로 뒤덮인 학교 앞의 '워싱턴 스퀘어 파크'를 바라보던 순간을 아직도 잊을 수 없다. 모든 것이 아름다웠다. 새로운 삶에 대한 기대가 넘쳤다. 그때 내 나이는 스물아홉이었다.

뉴욕 맨해튼은 세계의 어떤 도시들보다 다양한 국적의 사람들이 모인 곳이다. 매일 800개 이상의 언어들이 사용되는 유일한 도시다. 이 다양한 배경의 사람들을 하나로 묶어주는 것은 문화도, 음식도 아닌 '영어'라는 언어다. 자의든 타의든 모든 사람에게 영어 교육은 필수이며 그렇기에 영어 교육에 대한 연구와 학문이 발전할 수밖에 없는 도시다. '영어를 가르치는 사람'이 되고자 결정했을 때 무조건 가야 할 곳은 7년 전 여행에서 내 마음을 사로잡았던 뉴욕 맨해튼이었다. 대학에서는 영어 실력 향상과 좋은 학점 관리에 조금 더 집중했다면, 대학원에서는 내가 진정으로 좋아하고 관심 있어 하는 분야를 전문적으로 배움과 동시에 그동안 배웠던 내용을 잘 사용할 수 있는 곳이기를 원했다.

나는 영어 교수법을 연구하는 학자가 되기보다 학생들에게 영어를 잘 가르치는 교육자가 되고 싶었기 때문에 연구에 치중하는 대학원

보다 배운 내용을 교육 현장에서 잘 사용할 수 있도록 가르치는 대학원에서 공부하고 싶었다. 아이비리그 학교 중 하나인 컬럼비아대학교와 고등학생들이 가장 가고 싶어 하는 학교로 꼽히는 뉴욕대학교로 후보가 좁혀졌다. 대학원 지원서를 마감할 시기에 마침 아버지가 미국을 방문하셨고, 교수님들을 만나 학교의 특성을 조금 더 알아보고자 뉴욕을 함께 갔었다.

두 학교를 방문해서 교수님들의 학문적인 성향과 이력 그리고 학과 커리큘럼들을 보니, 그 당시 나에게는 뉴욕대학교가 조금 더 실용적이고 맞는 학교라고 여겨졌다. 또한 자유로웠던 학교 분위기도 마음에 들었다. 큰 고민 없이 뉴욕대학교 대학원에 초점을 맞추어 지원 준비를 했고 별 무리없이 합격 통보를 받았다.

나는 대학원에서의 전공 선택만큼이나 중요한 것이 그 학교가 위치한 도시의 특성이라고 생각했다. 그래서 영어 교육의 메카인 뉴욕 시티에 위치한 뉴욕대학교에서 영어 교육 석사과정을 밟는다는 사실이 너무나도 기뻤다. 졸업 이후에도 영어 교육 관련 취업 기회와 커넥션connection이 많이 있을 것이라 믿어 의심치 않았다.

2014년 뉴욕에서 친구 결혼식에서 만나 지금은 나의 가장 친한 친구가 된 일호도 자신의 대학원을 결정할 때 나와 같은 생각이었나 싶다. 당시 일호는 하버드대학교와 스탠포드대학교 MBA(경영학 석사) 과정을 모두 합격한 상태라 그야말로 행복한 고민에 빠져 있었다. 세계 금융의 중심인 뉴욕 월가Wall Street에서 일하고 있던 일호는 앞으로도 금융 관련 일을 계속하려면 동부에 있는 하버드에 가는 것이 맞고, 스타트업start-up을 하려면 실리콘밸리가 가까운 스탠포드에 가야 그 분야를 더 배울 수 있을 것이라고 했다. 골프를 좋아하고 스타트업에 관심이 많았던 일호는 결국 스탠포드로 최종 결정했다.

40 STRATEGY

대학원을 결정할 때 미리 교수님들과 소통하라

대학원을 결정할 때 지원하고자 하는 해당 학과 교수님들의 연구, 이력, 논문 등을 미리 살펴볼 것을 추천한다.
나는 미국에 있었기 때문에 뉴욕으로 넘어가 교수님들을 직접 만나 뵙고 대화를 나눌 수 있었지만, 한국에서 대학원 진학을 준비하는 경우라면 이메일을 통해 해당 교수님과 최소 한 번이라도 대화를 나누고 궁금한 것을 질문함으로써 학교와 학과에 관심을 나타내야 나중에 대학원에 들어가서도 유리하다.

내가 앞으로 하고자 하는 연구나 배움에 있어 탁월한 스승이 있고, 대학 기관의 충분한 지원까지 받고 있는 프로그램이라면 그 학교를 주저없이 선택하자.

차원이 다른 대학원 공부

대학원에서는 한 학기 최저 학점인 12학점씩만 수강하기로 했다. 수업에 더욱 집중해서 더 깊이 배우고 싶었기 때문이다.

드디어 기다리고 기다리던 강의 첫 주가 되었다. 이번 학기에 수강하는 수업들의 강의 계획서를 훑어보면서 꽤나 놀랐다. 한 학기 동안 읽어야 할 책과 연구 논문, 자료 들이 셀 수 없이 많았고, 제출해야 하는 페이퍼의 분량도 대학교 때와는 비교도 안 될 만큼 길었다. 왜 이렇게나 많이 읽어야 하는지, 그리고 페이퍼의 분량이 왜 이리도 길 수밖에 없는지를 첫 학기가 거의 끝나갈 즈음 비로소 알게 되었다.

대학교는 누군가가 이미 확립해놓은 학문이나 지식을 폭넓게 배우고 경험하는 곳이라면, 대학원은 그 학문을 바탕으로 내가 더 깊이 연구하고자 하는 부분을 찾고 다양한 방법을 통해 증명하는 곳이었다.

연구를 시작하고 그것을 실험이나 객관적 사실에 근거해 증명했다면 이 모든 내용을 글로 잘 표현하고 정리하는 것은 필수적이다. 따라서 대학원의 거의 모든 과제는 최소 10장 이상의 페이퍼일 수밖에 없다. 하지만 토종 한국인이 무언가를 연구하고 증명한 내용을 영어로 10장 이상 쓴다는 것은 결코 쉬운 일이 아니다.

조금이나마 도움이 되었으면 하는 마음에서 내 경험을 바탕으로 대학원 페이퍼를 쓸 때 필요한 '고급 글쓰기' 팁을 크게 3가지로 추려보았다. 이 팁들을 미리 알고 있었다면 나의 대학원 첫 학기를 시간 낭비 하지 않고 조금 더 의미 있게 보낼 수 있었을 것이라는 생각도 해보았다. 분명 당신의 페이퍼에도 도움이 되리라 확신한다.

연구 주제와 목표는 단 한 문장으로 정확하게 표현하라

연구하고자 하는 주제와 목표를 '아주 자세히' 정하고 그것들을 한 문장으로 표현해야 한다. '아주 자세히'라는 부분만 뺀다면, 글쓰기에서 가장 중요한 '주제 문장 잘 만들기'와 크게 다를 것은 없다. 고등학교 영어 수업뿐만 아니라, 대학교의 작문composition 수업에서도 가르치는 "어떻게 하면 주제 문장을 잘 쓸까How to write a strong thesis statement?"의 업그레이드 버전이라고 생각하면 좋다.

나는 실제로 10장 이상을 써야 하는 페이퍼마다 내 연구 주제와 목표가 잘 드러날 수 있도록 주제 문장을 '아주 자세히' 만드는 데 상당히 많은 시간을 할애했다. 또한 페이퍼 과제를 내주신 교수님과 '주제 문장'만을 가지고 미팅 혹은 이메일로 대화를 나누었고, 좋은 주제 문장을 만들고 나서야 비로소 본격적인 글쓰기에 돌입했다.

Tip

대학원 때 직접 만들었던 연구 과제의 질문들

- **How can teachers use American TV dramas to improve English-speaking skills of Korean young adult students in intermediate ESL/EFL classes?**

  ESL/EFL 중급반에 있는 한국인 청년 학생들의 영어 말하기 실력 향상을 위해 교사들은 미국 TV 드라마들을 어떻게 활용할 수 있을까?

연구 주제를 만들 때 가장 염두에 둘 사항은 바로 '세분화'로 인한 내용의 '구체화'다.

1. TV dramas 중에서도 미국 것임을 나타냈다.
2. 영어의 4가지 기술(스피킹, 리딩, 리스닝, 라이팅) 중 스피킹에 초점을 맞추었다.
3. 여러 국적 중에 한국 사람이며, 20대에서 30대를 통칭하는 청년 중에 학생들로 정했다.
4. 학생들의 영어 실력은 중급에 해당하며, 다양한 영어 클래스 중에서 ESL 클래스, 혹은 EFL(한국처럼 영어가 모국어가 아닌 나라에 사는 사람들이 '외국어'로서 영어를 배우는) 클래스에 속한 학생들로 특정했다.

연구 자료들을 가능한 한 많이 읽어보라

“해 아래 새것이 없다”라는 말이 있듯이, 좋은 글을 쓰기 위해서는 내 주제 문장과 관련한 연구 자료들을 가능한 한 많이 읽어보아야 한다. 이유는 아주 단순하다. 연구 주제를 잘 뒷받침해주는 내용을 찾기 위해서다. 많이 찾을수록 어떤 방향으로 연구해야 하는지 알 수 있다.
연구 주제와 관련한 좋은 연구 논문 하나만 잘 찾아도 이미 반은 성공이다. 좋은 논문에 수록된 주석에서 내 연구와 관련한 또 다른 논문들의 목록과 자료 들을 많이 찾을 확률이 높기 때문이다. 그렇기에 내 연구 주제와 관련성 높은 글이나 자료 들을 많이 찾으면 찾을수록, 연구를 잘 서포트할 천군만마를 얻게 된다.

관련 자료나 논문 들을 찾는 곳academic research engine들은 상당히 많고 대부분 유료지만, 대학교·대학원 학생 아이디만 있으면 거의 모든 곳이 무료다. 전공마다 다르겠지만 일반적으로 학문 검색 엔진은 JSTORjstor.org와 Google Scholar이고 학교 자체 내의 검색 엔진도 있다. 참고로 미국 대학교의 모든 도서관에서는 논문이나 학문 자료 들을 찾는 방법을 알려주는 교육이 있기에, 꼭 학기 초에 도서관 사서에게 관련 교육 일정을 물어볼 것을 추천한다.

43 STRATEGY

글쓰기는 구체적 실험 방법을 설정한 후에

연구 주제를 증명할 구체적인 실험 방법을 잘 설정한 뒤에 본격적인 쓰기를 시작해야 한다. 맞는지 틀린지, 효과가 있는지 없는지를 확실히 보여줄 객관적 실험들이 수반되어야 하며 실험에 대한 결과도 자세히 분석해서 타당한 결론에 도달해야 한다. 실험을 진행함에 있어 방해 요인이나 장애물이 있는지도 예상해보아야 한다.

전공마다 과목마다 증명하는 방법이나 결과를 도출하는 방법이 약간씩 다를 것이다. 나 같은 경우에는 영어 교육이라는 실용적 학문에 다양한 실험들을 수행하기 위해 많은 영어 교사들을 알아야 했다. 실험에 참가하는 인원 수가 많을수록 더욱 타당성 있는 결과를 도출할 수 있기에, 학기 초부터 대학원생들과의 관계를 돈독하게 유지했고 친구들과 그 지인분들의 도움까지 요청하며 실험을 진행했다. 실험 참가자들의 단답형과 서술형 응답을 각각 고려하며 설문 조사, 인터뷰, 질문지 등을 만들어 최대한 많은 결과지를 모았다.
또한 내가 새롭게 만든 교육 방법이 실제 효과가 있는지를 실험하기 위해 그 방법을 구체적으로 소개하며 어떻게 수업이 이루어지는지를 설명하고 그 결과를 기다리는 시간들도 많이 필요했다. 모든 실험 자료를 잘 분석하고 결론을 내린 뒤에 본격적으로 글을 구성하고 써내려가기 시작했다.

대학원은 전공 관련 분야의 논문들을 연구하고, 나만의 독특한 주제와 근거로 새로운 연구를 시작하는 곳이다. 수많은 학자들의 연구물에서 내가 인사이트를 얻고, 다양하고 구체적인 방법들로 나의 주장을 증명하면서 또 하나의 새로운 연구물을 탄생시킨다. 언젠가 다른 누군가는 내가 연구한 것의 도움을 받으며 자신의 연구물에 살을 붙일 것이다. 이런 사이클로 학문은 나날이 발전해왔으며, 이 모든 것이 가능했던 것은 의미 있는 연구를 좋은 글로 잘 남겼기 때문일 것이다.

⋮

미드 속 주인공이 되어 미국스럽게 말하는 비법

댈러스에서 유학할 때 공부하느라 정말 바빴다. 하지만 거기서 사귄 친구들 덕분에 영어로 말하는 시간은 충분하다고 느꼈다. 침대 두 개를 놓으면 오가기도 힘든 조그마한 방에서 내 룸메이트 조엘과 2년 동안 함께 지냈다. 매일 밤 서로의 침대에 누운 채 긴 대화를 이어갔고 서로를 위한 기도로 하루를 마무리했다.

때로는 침대에 누워 조엘이 가족, 친척, 친구들과 전화 통화하는 말을 듣고 따라 하기도 했다. 스피킹 연습이 되었다. 조엘뿐만 아니라 닉, 조, 데저레, 에이드리아나Adriana와 틈만 나면 식사하며 서로의 안부를 묻고 이야기를 나누었다.

친구들과의 대화 속에서 내가 미처 알지 못했던 영어 표현들을 자연스럽게 배웠고, 나의 어색한 영어 표현들을 친구들이 직접 고쳐주었다. 하지만 뉴욕으로 건너오니, 상황이 너무 달랐다. 공부해야 할 것이 대학교와는 비교도 안 될 정도로 많아서 24시간이 모자라도 한

참 모자랄 정도였다. 집, 학교, 도서관만 시계추처럼 오가다 몇 주 후 문득 이러다가는 영어로 긴 시간 대화할 일이 없겠다는 생각이 들었다. 교육대학원 학생들은 대부분 초·중·고등학교 현직 선생님들이었다. 다들 학교에서 일하며, 수업 후에는 다음 날 아침 일찍 출근해야 하니 집으로 가기 바빴다. 문득 댈러스에서 친구들과 누렸던 추억들이 떠오르며 사소한 것 하나까지도 많이 그리웠다.

과제를 하느라 영어로 된 자료들은 많이 읽고 글도 쓰지만 긴 시간 대화할 친구가 없다 보니 영어 스피킹 수준은 제자리 걸음인 것 같았다. '어떻게 하면 영어 스피킹 실력을 더 늘릴 수 있을까'를 고민하던 중, 대학을 졸업하고 뉴욕으로 넘어오기 전 2주 동안 몰아서 시청했던 미국 드라마 두 편이 떠올랐다. 뉴욕 맨해튼을 배경으로 한 두 변호사의 이야기를 다룬 〈슈츠Suits〉와 코네티컷주에 사는 모녀의 일상을 다룬 〈길모어 걸스Gilmore Girls〉였다.

물론 이 두 드라마를 시청할 때 단순히 재미만을 위해 보지는 않았다. 주인공들의 끊임없는 대화 속에서 내가 모르는 다양한 영어 표현들을 배우고 싶었다. 알고 나면 쉬운 표현이지만 어디서 배우거나 직접 접하지 않고서는 도저히 생각해낼 수 없는 영어 표현들에 집중했다. 예를 들어, 〈길모어 걸스〉 시즌 1 첫 번째 에피소드에 나오는 대사 중 "Hey, how about I buy you a cup of coffee?"라는 문장을 들었을 때, '저 주인공이 지금 커피를 사겠다는 이야기구나'라고 상황을 이해하는 데는 무리가 없다. 하지만 내가 똑같은 상황에 처했을 때 'how about' 다음에 'I buy you a cup of coffee'라고 말하려면, 실제 듣고 직접 써보아야 한다. 미국인들은 아주 자연스럽게 쓰는 일상적인 표현들이지만 내 머릿속에서 스스로 만들어내기는 어려운 '미국스러운' 표현들에 집중했다.

진짜 미국인스럽게 되려면 먼저 내가 그 미드의 주인공이 되어야 했다. 그리하여 〈슈츠〉에서는 후임 변호사 마이클, 〈길모어 걸스〉에서는 딸 역할인 로리가 되기로 결정하고 드라마에 등장하는 수많은 인물 중, 오로지 마이클과 로리가 말하는 파트만 집중적으로 공부했다. 같은 에피소드를 수십 번 돌려보며 이 두 사람의 대사뿐 아니라 대화 방법, 말투, 제스처, 얼굴 표정, 입 모양까지 유심히 관찰했고 그 모든 특징을 똑같이 따라 했다.

이 과정을 반복하다 보니 어느새 미국스러운 표현들을 미국인스럽게 말하고 있었다. 드라마만 켜면 주인공의 친구들이 다 내 친구가 되어 에피소드 한 편이 끝날 때까지 쉬지 않고 영어로 대화했다.

미드나 영화 스크립트를 활용하라

미드나 영화 스크립트로 영어 공부하는 방법은 오래전부터 알려져 왔다. 여기서는 내가 직접 해보며 터득한 효과적인 공부 단계가 있어서 소개하고자 한다. 이것은 대학원 졸업 논문에서 실제 연구를 통해 그 효과를 증명했던 나만의 공부법이기도 하다.

가장 먼저, 수많은 미국 드라마나 영화 중에서 적절한 콘텐츠를 정해야 한다. 특정 분야의 전문 용어가 많이 나오거나 지나치게 상스러운 표현이 반복되는 콘텐츠보다는 우리 주위에 일어날 법한 친근한 소재나 평범한 일상을 다룬 콘텐츠를 추천한다. 자신이 좋아하는 장르는 잠시 뒤로하고, 영어 실력 향상에 도움이 될 만한 콘텐츠를 골라야 하는 것이다.

콘텐츠를 정했으면, 각 에피소드를 총 4단계에 걸쳐서 학습하는 이 공부법을 꼭 시도해보기 바란다. 이 방법은 한국이든 미국이든 장소에 구애받지 않고 어디서나 할 수 있으며, 지속적으로 대화할 원어민 친구가 없고 영어로 말할 환경에 노출될 일이 거의 없을지라도 미국스러운 영어를 미국인스럽게 구사하고자 하는 모든 이들에게 효과적인 영어 학습법이 될 수 있다.

1단계: 한글 자막과 함께 에피소드 전체를 시청하며 내용 파악에 집중한다

'한글 자막'이라는 말에 고개를 갸우뚱하는 분들이 있을 줄 안다. 일반적인 영어 시청각 교육에서는 자막 자체를 아예 보지 않게 하거나, 정 보아야 한다면 영어 자막만을 허용하는 경우가 많다. 학습 연령과 난이도에 따라 다양한 영어 학습법이 있을 수 있기 때문에 무엇이 맞고 틀리고의 문제는 아니라고 생각한다. 하지만 20대 이후 성인들의 영어는 아는 만큼 들리고 아는 만큼 이해된다.

영어 공부를 목적으로 자막 없이 혹은 영어 자막만 켜놓고 미국 드라마나 영화를 시청하면 한 편이 다 끝났을 때 마음 한 켠이 찜찜하다. 누구나 경험해보았을 것이다. 영화나 드라마의 배경과 전개되는 내용들, 등장 인물들이 하는 말의 뉘앙스가 '정확히' 이해되지 않았기 때문에 밀려오는 답답함이다.

영어를 모국어가 아닌 제2외국어로 배우는 성인들에게는 모국어인 한글 자막을 통해 정확한 내용 전개와 말의 뉘앙스를 파악하는 것도 효과적인 영어 학습의 한 부분임을 인정해야 한다. 지금까지 자막 없이 혹은 영어 자막만 켜놓고 미드를 보았다면 오늘부터라도 한글 자막을 켜놓고 마음 편히 웃으며 볼 수 있기를!

2단계: 영어 자막과 한글 자막을 동시에 켜놓고 구간 반복을 하며 학습하고자 하는 표현에 집중한다

첫 번째 단계에서 전체 내용을 파악했다면 이제는 구간 반복을 하며 영어와 한글 자막을 동시에 사용한다. 두 개의 자막을 함께 사용하는 이유는 등장 인물이 사용하는 영어 표현과 한글로 번역한 의미를 잘 매칭하면서 내가 특별히 집중해서 연습하고자 하는 미국스러운 표현을 찾기 위함이다. 그 외에도 내가 몰랐던 영어 표현들, 평소 알던 것과는 다른 신선하고도 미국스러운 표현들을 그 상황을 한글 뜻과 함께 기억하며 암기하고 연습한다.

나는 이런 표현들을 하루에 5개씩 찾아 노트에 적었다. 그 구간에서 영상을 정지해 그 표현들이 확실히 내 것이 될 때까지 연습하고 또 연습했다. 그렇게 매일 연습 구간을 늘려갔다. 이 단계에서 중요한 것은 영상에 나오는 영어 표현을 최대한 뽑아서 목록화하면서, 단 5문장이라도 언제 어디서나 말할 수 있도록 매일 외우고 연습하는 데 있다.

3단계: 모든 자막을 끄고 사람들의 신체 언어에 집중한다

이전 단계에서 소리 언어에 집중했다면, 이번 단계에서는 '신체 언어body language'에 집중할 차례다. 전체 내용을 잘 이해했고 유용한 영어 표현들을 충분히 연습했다면 이제는 자막 없이 영상을 다시 시청한다. 자막이 없기 때문에 특별히 의도하지 않아도 배우들의 얼굴 표정과 자연스러운 제스처들이 내 눈을 사로잡을 것이다. 이전에 몰랐던 영어 표현들을 메모해놓고 수시로 외우며 연습해보는 과정도 중요하지만, 이 세 번째 단계 없이는 '미국인스러운' 영어를 자연스럽게 구사하기 어렵다. 어떤 소리 언어에서 어떤 신체 언어를 사용하는지를 익히는 과정인 신체 언어 습득은 필수적이다. 우리가 미국인이 될 수는 없지만 미국인의 얼굴 표정, 입 모양, 손짓, 제스처 등을 따라 하며 영어를 연습하다 보면, 실제 원어민 앞에서 영어를 쓸 기회가 주어졌을 때 훨씬 더 자연스럽게 영어를 사용할 수 있게 된다.

4단계: 자막 없이 전체 영상을 보며 외운 표현들이 나올 때마다 함께 따라 말한다

앞의 세 단계를 통해 미국스러운 영어 표현과 정확한 의미, 그에 걸맞은 신체 언어까지 잘 숙지했다면 이제는 내가 극 중의 주인공이 될 차례다. 배운 영어 표현을 마땅히 쓸 곳이 없다고 호소하는 사람들이 꽤 많은데 이 네 번째 단계가 그것을 해결해줄 것이다.

일단 자막을 끄고 영상을 처음부터 끝까지 보면서 내가 이미 외웠던 영어 대사를 배우가 말할 때마다 나도 함께 따라 말한다. 처음에는 그 배우의 발음, 억양, 강세, 말 속도가 똑같아질 때까지 계속 따라서 연습한다. 어느 정도 익숙해지면 그 배우의 대사가 나오기 직전에 영상을 일시 멈춤 하고, 내가 외운 대사를 자연스럽게 말한 후에 다시 영상을 재생해서 내가 말한 대사가 실제 배우의 말과 얼마나 똑같았는지를 체크해본다. 이 과정을 계속 반복해서 꾸준히 연습하면 자신의 영어 실력이 월등히 향상되고 있음을 느끼게 될 것이다.

Tip

스스로 만들어내기는 어려운 '미국스러운' 표현들

'미국스러운' 표현이라 함은 사용된 단어나 문장 구조가 어렵지 않지만, 영어를 배우는 한국인들이 쉽게 생각해내기 힘든 표현을 말한다. 이러한 표현들은 문장 전체와 그 의미를 외워서 활용하는 것이 가장 효과적이다. 예시마다 좀 더 집중했으면 하는 표현에 밑줄을 쳐놓았다.

1. **I gave you my word, and I honored it.** (나는 약속을 했고, 그 약속을 지켰어)
2. **I am showing him respect.** (그를 존중해주고 있어요)
3. **I'm a pretty understanding person.** (나는 이해심이 많은 사람이야)
4. **There is no harm in asking.** (물어봐서 손해 볼 건 없지)
5. **I lost my cool.** (나 화났었어)
6. **Whatever it is, I'm not in the mood.** (나 기분 안 좋아)
7. **Turns out we have some things in common.** (알고 보니 공통점이 있더라고요)
8. **It was worth trying.** (시도해볼 만했어요)
9. **I had this all planned.** (나 완벽하게 계획을 잡아놓았었어)

10. **You have earned this.** (너는 이것을 얻은 충분한 자격이 있어)

11. **Joseph Revelle. But I go by Joe,** (제 이름은 조셉 레벨이에요. 하지만 조라고 불러주시면 돼요)

12. **What you have done for us will not be forgotten.** (우리를 위해 주신 것 절대 잊지 않을게요)

13. **My parents were on their way home from dinner.** (부모님이 저녁을 먹은 후 집으로 오는 길이었어요)

14. **Buy us some time.** (시간을 좀 끌어봐)

15. **Dinner's on you.** (저녁은 당신이 사는 겁니다)

16. **I'm just messing with you.** (너랑 장난치고 있는 거야/골탕 먹이다)

17. **You have no intention of letting me go home, do you?** (내가 퇴근하게(집으로 가게) 둘 생각이 전혀 없는 거지요?)

18. **These past few years have humbled me.** (지난 몇 년이 저를 겸손하게 만들었어요)

19. **I am well aware of his situation.** (그의 상황을 잘 알고 있어요)

20. **Your English teacher speaks very highly of you.** (영어 선생님이 당신을 좋게 평가해요)

4가지 단계로 미드를 흥미진진하게 보면서 영어 실력까지 갖출 수 있다면 금상첨화일 것이다.

이 공부법의 가장 큰 핵심은 '지속성'이다. 시간이 많이 든다는 이유로, 지루하다는 이유로 시도해보다가 금방 포기해버리면 아무 효과도 보지 못한다. 나의 졸업 연구 논문에서도 이 방법을 지속적으로 사용하며 공부한 사람들은 영어에 자신감도 생기고 실력도 많이 향상된 것을 보았다. 오늘 당장 이 방법을 시작하고자 하는 당신에게 끝까지 인내함으로 결실을 맺는 순간이 오기를 기대한다.

다양한 분야에서 성공한 사람들과 인맥을 쌓는다

유학 초기, 효율적인 영어 습득을 위해서는 한국 사람들과의 잦은 만남을 경계해야 한다. 자칫 미국까지 가서 영어보다 한국말을 더 많이 쓰게 될 것을 우려해서다. 하지만 유학 생활에서 가장 많은 도움을 주고 받고 서로에게 힘이 되어주는 사람들은 한국 사람들이라는 사실을 부인할 수 없다. 영어 습득이 어느 정도 되었다면, 다음으로는 한인 네트워크 형성, 즉 그곳에서 만난 좋은 사람들과의 관계에 관심을 기울여야 한다.

3년 반 동안 댈러스에서 미국인 친구들과 추억도 많이 쌓고 영어 실력 또한 눈에 띄게 향상되어 목표했던 바를 다 이루었다. 하지만 졸업할 즈음 내 마음 한 켠에는 외로움이 자리했다. 미국 친구들이 그렇게 많았음에도 불구하고 무언가 보이지 않는 문화적·언어적 벽이 느껴지는 것은 어쩔 수 없었다. 이제는 영어 실력도 많이 늘었고 뉴욕으로 왔으니 '유학 생활을 하면서 최대한 한인들을 만나지 말자'라는 내

두터운 신념을 내려놓기로 했다.

댈러스에서 뉴욕으로 오면서 뉴욕에서 유학 중이거나 회사에 취업한 초등학교 및 중학교 동창들과 연락이 닿았다. 댈러스에서는 만나는 인연마다 모두 뉴 페이스였는데, 뉴욕에 오니 오랜 친구들이 있었다. 옛 추억과 삶의 이야기를 나누다 보니 헤어짐이 아쉬울 정도로 시간이 너무 빨리 지나갔다. 무엇보다도 한국어로 이야기할 수 있어서 편안하고 정말 행복했다. 다들 저마다의 스토리를 쌓으며 열심히 살아가고 있었다. 미국에서의 쉽지 않은 생존기를 들으면서 내 삶에도 큰 자극을 받았다.

뉴욕에서 다시 재회한 동창들 가운데 초등학교 때부터 친하게 지냈던 광재에게 얼마 뒤 또 연락이 왔다. 사랑하는 사람을 만나 뉴욕에서 결혼식을 올린다며 나에게 결혼식 축가와 피로연 사회를 맡아 달라고 부탁을 했다. 나는 광재의 결혼을 축하하며 흔쾌히 허락했다.

결혼식 당일, 결혼식 축가와 피로연 사회를 하며 참석하신 모든 하객들에게 내 존재가 본의 아니게 알려졌다. 미국 스타일의 결혼식이라 예식보다 피로연 시간이 매우 길었다. 광재의 지인들과 자연스럽게 대화할 수 있는 기회였다. 광재는 시카고에서 대학을 졸업하고 월가에 있는 금융 회사에서 일하고 있었기 때문에 광재 쪽 하객들 대부분이 세계 금융의 중심이라 불리는 월가에서 일하는 분들이었다. 교육 쪽을 전공하고 있는 나와는 전혀 다른 길을 걷고 있는 친구들이었지만, 그들의 대화를 들으며 뉴욕 금융권은 어떻게 돌아가는지 알 수 있는 신선한 경험이었다. 광재 결혼식을 계기로 월가에서 일하는 자랑스러운 한인들이 꽤 많다는 것도 알게 되었고 그때 만난 분들과 결혼식 이후에도 종종 연락하며 지냈다. 유난히 잘 통했던 일호라는 친구와는 따로 정기적으로 만났다. 고등학교 졸업 후에는 진정한 친구를 만나기 어렵다는 말을 숱하게 들어왔는데, 평생을 함께할 좋은 친구 일호를 만나게 되어 뉴욕 생활이 참 즐겁고 행복했다.

대학원에서 두 번째 학기를 보내던 어느 날, 뉴욕대학교에 한인 기독교 클럽을 만든다는 소식이 들려왔다. 그 모임에 참석했더니 공교롭게도 모인 사람의 대부분이 뉴욕대학교의 로스쿨을 다니는 분들이었다. 그러다 보니 그 모임에 나가면 미국 법과 관련한 이야기, 미국 변호사 되는 법 등 내가 모를 수밖에 없는 세계의 이야기를 많이 들었다. 영어 교육을 전공하고 있는 나에게는 어쩌면 쓸모없는 이야기들일 수 있지만, 나는 오히려 전혀 모르는 분야에 대해 간접 경험을 할 수 있어서 좋았다. 어려운 사람들을 돕고 싶은 순수한 마음을 가지고 있던 동갑내기 변호사 부부인 영식이와 민주와의 만남도 이곳에서 시작되었다. 지금은 둘 다 멋지게 변호사 시험에 합격해서 뉴욕에서 변호사로 일하고 있다.

금융과 법뿐만 아니라 정치, 예술, 의료, 요식업, 의류업 등의 다양한 분야에서 한인의 자부심을 멋지게 펼치고 계신 분들도 많이 만났다. 그분들의 삶은 사회 경험이 없는 나에게 큰 감동을 주었고 동기부여가 되었다. 유학 생활에서 영어 실력 향상에 대한 부담이 줄었다면 이제는 적극적으로 한국 사람들과의 잦은 만남을 통해 좋은 네트워크를 형성할 것을 추천한다. 또한 긴 유학 생활로 한국에 있는 가족과 친구 들이 그리워 마음이 힘들 때면 마음이 잘 맞는 한인 친구를 만나 맛있는 한국 음식을 먹으라고 권하고 싶다. 한국어로 대화하는 그 순간만큼은 잠시나마 한국에 대한 그리움을 떨쳐낼 수 있을 것이다. 그런 힐링의 시간들이 있어야 미국에서 치열하게 사는 당신이 더욱 힘을 내어 앞으로 나아갈 수 있다.

사람이라면 누구나 자신이 하는 일에서 성공하고 싶어 한다. 자신의 존재가 사회에 보탬이 되는 선한 영향력을 갖춘 사람이 되고 싶어 한다. 선한 영향력을 발휘하며 성공적인 삶을 살아가고 있는 사람들의 진실한 이야기들은 "우물 안 개구리"였던 나를 일깨워주고 내 삶을 한 단계 더 성장시켜주었다. 전혀 다른 분야의 삶을 살아가는 사람들이라 할지라도 그들의 성공적인 삶 속에 배어 있는 좋은 습관들을 배워 내 것으로 만든다면 앞으로 나아갈 삶에 큰 도움이 되리라 믿어 의심치 않는다.

대학원 과 수석 졸업,
그리고 교수님들의 러브콜

2015년 5월 첫째 주, 대학원 졸업식을 앞두고 학과 대표 교수님에게로부터 연락이 왔다. 내가 우리 학과에서 수석으로 졸업하게 되었다며 축하해주셨다. 이제 각 학과의 수석 졸업생과 교수님 들이 모이는 특별 만찬에서 식사도 하고 상도 받게 될 것이니 가족들과 함께 꼭 참석하라고 말씀하셨다. 영어 때문에 대학 입시에 두 번이나 실패했던 나, 스물다섯에 미국 유학길에 올랐던 내가 미국 대학교 전체 차석에 이어, 대학원 과 수석까지? 뉴욕대학교 교육대학원에서 영어 교육을 전공하는 수많은 졸업생 중에 수석을 의미하는 '엑설런스 인 스콜라십Excellence in Scholarship' 상을 받으며 지난 5년간의 유학생활뿐만 아니라 영어 때문에 받았던 모든 서러움까지 보상받는 느낌이었다. 교수님과의 전화를 끊자마자, 그해 1월부터 나와 함께하고 있는 아내에게 이 기쁜 소식을 제일 먼저 알렸다. 나의 숨겨진 진가와 잠재력을 미리 알아보고 아무것도 가진 것 없는 대학원생인 나와 결혼해준 아내에게 처음으로 자랑스러운 남편이 된 것 같아 마음이 뿌듯했다. 뉴저지주 공립 학교 수학 교사로 일하고 있던 아내와 한국에 계신 부모님께서 물심양면으로 지원해준 덕분이었다. 그분들이 계셔서 오로지 공부에만 전념할 수 있었고, 내 마지막 졸업 학기를 잘 마무리할 수 있었다.

드디어 기다리고 기다리던 졸업식 날. 뉴욕시에 매디슨 스퀘어 가든에서 뉴욕대학교 대학원생들의 성대한 졸업식이 거행되었다. 내 이름 'Jinku Lee'가 크게 울려 퍼졌고, 나는 당당하게 무대 위로 걸어 나가 졸업장을 받고 내려왔다. 졸업 가운을 입고 가족들, 친구들, 교수님들과 사진도 찍으며 졸업식의 소중한 추억을 남겼다. 온갖 시험과 과제에서 해방된 것이 기쁘면서도, 한편으로는 대학원에서 만났던 좋은 인연들과의 이별이 아쉬웠다. 그다음 날, 교수님들과 수석 졸업자들만 모이는 특별 만찬에도 참석했다. 자유롭게 식사를 하며 우리 학과 교수님들과 대화를 나누었고 감사의 인사를 전했다. 그중에 한 교수님께서는 내 졸업 프로젝트가 특별히 인상 깊었다고 말씀하시며 그것에 관해 나와 함께 책을 쓰고 싶다고 하셨다. 졸업 프로젝트를 위해 열심히 연구했던 시간과 노력이 헛되지 않았다고 느낀 순간이었다.

그 외 많은 교수님들과도 대화했었지만, 내가 가장 존경하는 팔리 Pally 교수님의 격려의 말은 지금까지도 내 기억 속에 선명히 남아 있다. 나는 팔리 교수님이 가르치시는 모든 수업을 수강했을 정도로 팬이었다. 교수님의 군더더기 없는 강의 스타일에 매료되었고, 버릴 것 하나 없는 강의 내용에 시간 가는 줄 몰랐다. 교수님의 수업마다 적극적으로 임했기 때문에 자연스레 교수님 눈에 띄었고, 나의 열심을 알아주신 덕분에 항상 좋은 성적까지 주셨다. 뉴욕대학교를 비롯해 여러 대학교에서 오랫동안 가르쳐오신 팔리 교수님께서는 늦은 나이에 미국에 온 외국인이 나처럼 단기간에 영어를 월등히 잘하게 되는 경우를 거의 본 적이 없다고 말씀하시며 나의 영어 실력과 빠른 언어 습득력을 칭찬해주셨다. 교수 추천서가 필요하거나 미국에서 영어 교육과 관련한 일자리가 필요하면 언제든지 연락하라며 개인 연락처를 주셨다. 영어 교육 전공자들을 많이 가르쳐오신 교수님께서 내 영어 실력을 인정해주시니 날아갈 듯 기뻤다. 팔리 교수님은 나에게 추천서를 써주셨고 일자리까지 주선해주셨다.

A-를 받은 한 과목만 제외하고 모든 수업에서 A를 받고 과 수석을 할 수 있었던 비결은 무엇보다도 ① 적극적인 수업 참여와 ② 교수님들과의 끊임없는 의사소통이었다.

적극적으로 토론에 참여하라

대학원에서는 토론 수업이 주를 이루었다. 이제는 영어로 내 생각을 말하는 것에 대한 큰 부담감은 없었다. 하지만 전문적인 내용을 근거로 내 주장을 제시하며 상대방의 의견 또한 주의 깊게 듣고 반응해야 하는 토론 수업은 쉽지 않았다.

빠르게 진행되는 토론에서 겨우 몇 마디 하고 마는 내 모습을 보며 도저히 안 되겠다 싶었다. 토론 수업을 위해 철저한 준비에 들어갔다. 수업이 끝나면 교수님께 다음 토론의 주제에 관해 미리 여쭈어 보았고, 한 주 동안 교수님께서 읽어보라고 주신 논문과 자료 들을 틈틈이 읽으며 준비했다. 글의 내용과 주제, 그에 따른 근거들을 파악하고 분석했고, 인용할 문장까지 정확하게 외웠다. 토론 수업마다 기본 3~5개의 문장들을 외워서 수업에 참여했고, 그 문장들을 인용하며 말하는 내 주장에는 충분히 설득력이 있었다. 매주 이런 방법으로 미리 준비해서 토론에 적극 참여하다 보니 교수님은 물론이고 학생들에게까지도 좋은 피드백을 받았다.

내 전공이 영어 교육이라는 실용 학문이다 보니, 발표 과제나 수업 시연mini lesson(미니 레슨)을 통해 영어를 학생들에게 어떻게 효과적으로 가르칠 수 있을지를 평가하는 수업이 많았다. 이런 과제가 있을 때마다 준비한 것을 학과 친구들 앞에서 미리 선보이며 그들의 피드백을 귀담아 들었고 부족한 부분들을 개선해나갔다. 그뿐만 아니라 사람들에게 비치는 내 모습이 어떠한지를 살피기 위해 녹화하면서 연습했고, 나의 손 동작과 얼굴 표정을 확인해가며 최대한 매끄럽고 자연스러운 발표 준비에 힘썼다. 특별히 기억에 남는 수업은 영어 교수법 관련 수업이었다. 언론사에서 오랫동안 일하셨던 교수님이신지라 글쓰기 과제에서 매번 B+를 받기도 쉽지 않았다. 그런 교수님께서 영어 말하기와 쓰기 실력을 동시에 늘리는 교수법을 다룬 내 미니 레슨을 보시고는 당장이라도 사용하고 싶은 레슨이라며 A를 최종 학점으로 주셨다. 노력과 노하우가 완벽히 통했던 순간이었다.

Tip

내가 토론할 때 사용했던 표현들

1. **"What do you think about~?"** (~에 관해 당신은 어떻게 생각하나요?)

   상대방의 의견을 물어볼 때 쓰는 표현이다. 이 표현에서 주의할 점은 "당신은 어떻게 생각하시나요?"라고 해석하기 때문에 what 부분을 how로 바꾸어서 말하는 경우가 종종 있는데, 완전히 다른 뜻이 되므로 how로 바꾸지 않도록 주의해야 한다.

2. **"What do you mean by that?"** (언급하셨던 내용이 무슨 의미인가요?)

   상대방 의견이 잘 이해가 되지 않아서 한 번 더 되묻거나, 추가적인 설명을 듣고 싶을 때 쓸 수 있는 표현이다.

3. **“The point I’m trying to make is~”** (내가 말하고자 하는 요지는 바로 ~이다)

토론할 때뿐만 아니라 일상에서 사람들과 이야기할 때에도 쓸 수 있는 유용한 표현으로, 나의 주장을 분명히 드러내고자 할 때 사용할 수 있다.

4. **“According to~” “Based on~”** (~에 의하면, ~에 따르면, ~에 근거하여)

권위 있는 사람의 말을 인용하거나, 서적이나 논문 등과 같은 자료의 출처를 언급해야 할 때 자주 쓰는 표현이다.

- **According to professor Pally, Albert quickly grasped theoretical concepts and so adeptly applied them to pedagogical situations.**

팔리 교수님에 의하면, 알버트는 교육 이론 개념들을 빠르게 파악했으며, 그것들을 아주 능숙하게 교육 현장에 적용했다.

5. **“That’s exactly what I am talking about!”** (내가 말하고자 하는 게 바로 그거야!)

다소 캐주얼한 표현이지만 굉장히 미국스러운 표현이며, 누군가의 의견에 동의를 표하면서 나 역시 같은 의견을 가지고 있다고 말할 때 쓸 수 있다.

6. **“It depends.” “Possibly.”** (그건 상황에 따라 다르죠. 그럴 수도 있고 아닐 수도 있는 거죠)

상대의 의견에 완전히 동의할 수 없을 때 쓸 수 있다. 토론에서 이 표현을 쓴다면, 어떤 이유에서 동의할 수 없는지에 대한 의견이 뒤따라 나와야 한다는 점을 유의해야 한다.

46 STRATEGY

교수님들과 끊임없이 소통하라

대학원 수업들은 보통 야간(오후 5시에서 9시 사이)에 이루어지기 때문에 개인적인 회의나 이메일을 통해 교수님과 대화했던 시간이 월등히 많았다. 교수님과 주로 했던 대화의 내용은 제출할 페이퍼들의 아웃라인에 관한 의견 교환이었다. 비교적 긴 시간을 할애해서 써야 하는 페이퍼 과제는 아웃라인을 잘 짜는 것이 필수적이다. 잘 짜인 아웃라인은 글쓰기의 좋은 시작을 의미하기 때문에 나는 교수님의 조언이 절대적으로 필요하다고 느꼈다.

그리하여 강의 계획서를 받으면 과제 마감일, 시험일만큼이나 중요하게 여기며 꼭 확인했던 것이 교수님과 개인 미팅이 가능한 시간office hour이었다. 페이퍼 과제가 주어지면 어떤 것에 관해 글을 써야 할지를 가장 먼저 고민했다. 그것이 어느 정도 정해지면 교수님과 의견을 나누었다. 글의 타당성을 더하기 위해 교수님이 주시는 자료에서 내 글에 필요한 인용구를 찾아가며 매주 교수님과의 소통을 이어나갔다. 방향성이 서로 일치하기만 한다면 글을 써내려가는 것은 그리 어려운 일이 아니었다. 수업 시간뿐만 아니라 수업 외의 시간에도 교수님을 만나는 것은 실로 많은 시간과 노력을 필요로 했지만 전문가의 조언을 바탕으로 더 나은 글을 쓸 수 있었고, 좋은 성적은 물론이며 교수님과의 끈끈한 사제 관계도 돈독히 쌓아갈 수 있었다.

내가 뉴욕대학교 교육대학원 영어교육학과를 수석으로 졸업한 것은 적극적인 수업 참여, 교수님들과의 끊임없는 의사소통, 그리고 '배움을 즐기자'라는 나의 신념이 모두 합쳐진 결과였다. 미국이나 한국에서 공부하는 모든 학생들에게 이런 노하우들이 성공적인 대학 및 대학원 생활을 이끄는 데 도움이 되기를 바란다.

CHAPTER 5

영어가 잡히고 인생이 바뀌다

'나'만 잘되고 잘 사는 것이 아닌 '이웃'과 함께 더불어 잘 살 수 있는 방법이 어떤 것들이 있을지 고민하고, 자신이 속한 커뮤니티에서 작은 것부터 실천하다 보면 '나만의 스토리'가 생기는 법이다. 그 나만의 특별한 스토리가 남들과 차별화된 경쟁력을 갖추는 열쇠가 될 것이다.

미국 공립 학교 교사 자격증 따고 초등학교 교사 되다

우연한 기회에 합류한 '뉴저지 화요모임'이라는 예배팀에서 나는 인생의 반려자를 만났다. 사귄 지 170일 만인 2015년 1월 10일, 아름다운 아내와 결혼식을 올렸다. 5월에 대학원 졸업 후, 한국으로 돌아가고 싶다는 뜻을 아내에게 전달했지만, 뉴저지에 있는 공립 고등학교에서 3년차 수학 교사로 일하던 아내는 미국에서 조금 더 커리어를 쌓고 싶어 했다. 미국에서 "Happy Wife, Happy Life"라는 말을 무수히 들었던 터라, 나는 아내의 의견을 존중하기로 결정했다.

대학원 마지막 학기를 지내고 있던 어느 날, 아내가 나에게 대학원 졸업 후 미국 공립 학교 ESL English as a Second Language 교사로 일해보는 것이 어떻겠느냐고 제안했다. 아내를 만나기 이전부터 대학원 졸업을 끝으로 한국으로 귀국할 계획이었고, 공립 학교 교사 자격증 취득을 위한 필수 과목들을 이수하지 않은 상태라 이미 늦었다고 생각했다. 하지만 아내는 뉴저지주 교사 자격증을 따는 방법 가운데 미국 대학 및 대학원에서 정식 코스를 밟지 않고도 교사 자격증을 취득할 수 있는 'Alternate Route Program'을 소개해주었다.

확인 결과, 나는 이 프로그램에 지원할 수 있는 기본 자격을 이미 갖추었고, 추가로 2가지 시험에만 합격하면 뉴저지주 교육부에서 발급하는 교사 자격증을 취득할 수 있었다. 미국인들도 한 번쯤은 떨어지는 시험이라고들 해서 많이 긴장했는데 의외로 생각보다 쉬워서 단번에 합격했다. 현명한 아내를 잘 둔 덕에, 대학원 졸업장뿐만 아니라 뉴저지주 공립 학교 ESL 교사 자격증까지 받을 수 있었다.

교사 자격증을 소지하고 임용 고사를 최종 합격하면 그해 안에 공립 학교로 발령받는 시스템인 한국과 달리, 미국에서는 교사 자격증을 받은 예비 교사들 스스로가 희망하는 학교 웹사이트에서 채용 공고를 확인하고 지원하도록 되어 있다. 그러다 보니 좋은 학군에 위치한 학교일수록 교사들이 몰려 경쟁률이 높은 구조였다. 서류 면접에 합격하면 인터뷰와 수업 시연을 하게 된다. 각 학교에서는 그해 필요한 인원만큼만 채용하기 때문에 학교마다 1명 있을까 말까 한 ESL 교사 자리를 꿰차기 위해 전체 지원자들 중 최종 1인이 되어야만 했다.

나는 대학원 졸업을 한 5월부터 ESL 교사 공고를 낸 학교마다 지원서를 넣기 시작했다. 약 30군데 이상의 학교에 이력서를 넣었는데 인터뷰를 보자고 연락오는 학교가 8월 중순까지 단 한 군데도 없었다. 미국 취업이 쉬울 것이라 여기지는 않았지만 생각보다 절망적이었다. 곧 9월이면 뉴저지주 모든 공립 학교에서 새 학기가 시작될 텐데 9월 전에 취직하지 못하면 1년을 무직 상태로 보내야 한다는 생각에 마음이 조급해지기 시작했다. 그러던 어느 날이었다. 새 학기 시작 2주일 전에 기적처럼 두 군데서 연락이 왔다. 인터뷰 일정이 잡히고 나는 두 학교에 대해 폭풍 검색을 했다. 그런데 두 학교 모두 뉴저지주에서 손에 꼽히는 좋은 학군에 위치한 학교인게 아닌가! 두 학교 중 어느 학교에 가게 되더라도 나의 미국 첫 직장으로서는 과분한 학교들이었다.

교장 선생님과 학교 교육감superintendent of schools과 인터뷰를 했다. 그분들의 많은 질문에 답변을 했지만 지금까지도 가장 기억에 남는 답변은 나의 인생 역전 스토리다. 영어를 거의 못했던 내가 미국 유학 5년 만에 누군가에게 영어를 가르칠 수 있는 ESL 교사가 될 정도로 뛰어난 영어 실력을 갖추게 된 인생 스토리를 풀었다. 영어가 모국어가 아닌 이민자의 부모 밑에서, 영어를 제2언어second language로 배워야 하는 모든 ESL 학생들이 어떤 부분에서 힘들어하는지 누구보다 잘 알고 있으며, 무엇을 어떻게 가르쳐야 그 학생들에게 효과적인지 잘 알고 있다고 어필했다. 나의 진심이 통했는지 두 학교 중 더 선호했던 뉴저지 북부 올드 타판Old Tappan에 위치한 공립 학교에서 최종 오퍼를 받았다. 9월부터 TBD 초등학교T. Baldwin Demarest Elementary School에서 ESL 교사로 일하게 된 것이다.

첫 출근 날, 학교 강당에서 전체 교사 오리엔테이션이 진행되었다.

초등학교라 그런지 남자 교사를 찾기 어려울 정도로 여자 선생님들이 많았다. 알고 보니 체육 교사, 음악 교사, 나까지 이렇게 3명 빼고는 모두 여자 선생님이었고, 나와 미국 태생 한인 2세 선생님만 유색 인종이었다. 이게 바로 말로만 듣던 백인 부촌에 위치한 전형적인 백인 학교의 모습이었다. 그곳에서 내가 ESL 교사로서 했던 일은 부모님이 이민자인 학생들 중에 특별히 영어 실력이 부족한 아이들에게 영어를 가르치고 정규 수업을 잘 따라갈 수 있도록 돕는 것이었다. 그 학생들을 정해진 스케쥴에 따라 내 클래스룸으로 불러서 각 수준별로 재미있게 가르쳐주며, 필요에 따라 정규 수업 시간에 그 학생들이 못 알아듣고 헤매고 있지는 않은지를 확인하며 수업을 잘 따라갈 수 있도록 지도해주었다.

이를 위해서는 학생뿐만 아니라 각 담임 선생님과의 소통이 필요했다. 미국은 한국과는 비교도 안될 정도로 지역에 따른 학군 차이가 심하다. 내가 일하는 학교가 좋은 학군에 속하다 보니 자녀 교육에 관심이 많은 한국이나 인도 이민자의 자녀들이 대다수였다. 한국인 교사로서 나는 한국 학생들과 학부모와담임 선생님 간에 통역이 필요할 때마다 기꺼이 도와드렸다. 학창 시절 내가 제일 못했던 과목이 영어였는데, 이제는 미국 공립 학교에서 교사를 하며 영어로 많은 이들을 돕고 있다니……. 정말 말도 안 되는 일이 나에게 일어난 것에 감사할 따름이었다. 지금까지는 미국 대학교와 대학원 경험만 했는데 이제는 교사가 되어 공립 학교 시스템을 배우고 경험했다는 사실에 뿌듯했다. 초등학교에서 ESL 교사로 일하면서, 모국어가 영어가 아닌 학생들이 처음으로 영어를 습득할 때 어떠한 단계를 거쳐 읽기와 쓰기를 배우는지 관찰할 수 있었다. 이 모든 것이 나에게는 엄청난 경험이었다.

뉴저지주에서 뉴욕 시티로 넘어가려면 조지 워싱턴 다리를 건너야 한다. 지금은 없어졌지만 당시에는 한 차에 3명 이상 타고 다리를 지나가면 해당 톨비를 거의 반값으로 할인해주었다. 어느 날 뉴욕에 나갈 일이 생긴 나와 아내는 그 톨비를 할인받고 싶어 카풀을 하려고 기다리던 어느 한인 노부부를 태웠다. 유학생이냐고 물으시길래 공립학교 교사 부부라고 소개했다. 자신들은 미국에서 40년을 넘게 살았지만 한국인 이민자가 미국에서 가장 미국 사람처럼 혜택을 누리며 살 수 있는 직업이 학교 교사라 하시며 직업 선택을 잘한 것이라 하셨다.

오후 3시 퇴근, 긴 방학, 좋은 건강 보험과 연금 제도, 눈치 안 보고 쓰는 각종 휴가, 1년 180일 근무치곤 꽤 넉넉한 연봉을 우리 부부는 이미 누리고 있었기에 노부부의 말씀이 무슨 의미인지 알 수 있었다. 10년이 지난 지금까지도 한국 사람이 미국에 가서 미국 사람처럼 혜택을 누리며 살 수 있는 직업은 '자격증'과 관련한 전문 직종임을 인정한다. 한국이든 미국이든 전문 직종에 종사하는 사람들의 대우와 혜택은 남다르다. 다양한 목표와 꿈을 가진 당신도 취업에 도움이 될 만한 자격증이 있는지 잘 알아보고 취업 전 미리 취득하는 것을 추천한다. 그 자격증으로 인해 나처럼 인생이 역전될지도 모를 일이다!

인맥 사회에서는 인연을 소중히 여겨야 한다

TBD 초등학교에서 ESL 교사로 채용하겠다는 연락을 받은 후 며칠 뒤, 뉴욕대학교의 팔리 교수님께 연락이 왔다. 뉴욕주 브롱스Bronx에 위치한 포덤대학교에서 영어 강의 하나를 맡아서 하는 것이 어떻겠느냐고 하셨다. 월요일과 목요일 두 시간씩 한 학기 강의료로 그 당시 7,800달러(약 800만 원)를 준다고 했다. 꽤 괜찮은 조건이었다. 무엇보다도 대학에서 영어를 가르칠 수 있는 아주 좋은 기회였다. 하지만 업무 시간대가 초등학교 업무 시간과 겹치는 관계로 둘 중 하나만 선택해야 했다.

초등학교 교사와 대학 강사 중 하나를 선택해야 하는 행복한 고민이 시작되었다. 아내와 긴 상의 끝에, 조금 더 안정적이며 근로 혜택이 많은 교사 일을 하기로 최종 결정하고 교수님께 연락드려 양해를 구했다. 교수님께서는 아쉬워하셨지만, 한편으로는 한국인인 내가 초등학교 교사로 일하며 미국의 공립 학교 교육 시스템을 경험하는 것도 인생의 값진 일이 될 것이라며 축복해주셨다. 그리고 대학교에서 일하고 싶으면 언제든지 알려달라고 하셨다.

초등학교 업무가 끝나는 오후 3시 이후라면 대학교 업무를 병행하는 것도 가능하다고 말씀드렸더니, 그다음 날 팔리 교수님께서는 내 시간대에 맞는 또 다른 일자리를 소개해주셨다. 링컨 센터 옆에 위치한 포덤대학교 2층 영어학과 오피스로 가서 윌리엄이라는 사람을 만나라고 하셨다. 약속 시간에 윌리엄을 만났고 바로 인터뷰에 들어갔다. 나에게 5장짜리 페이퍼를 건네주면서 이것을 읽어보고 잘 쓴 점과, 부족한 점, 그 부족한 점을 어떻게 보완할 수 있는지를 말해보라고 했다. 인터뷰를 볼 줄 모르고 준비를 제대로 하지 않은 상태라 윌리엄의 깜짝 질문에 살짝 당황했다. 하지만 팔리 교수님이 주신 소중한 기회를 놓치고 싶지 않았기에, 대학원에서 배웠던 교수님들의 영어 교수법을 떠올리며 최선을 다해 대답했다. 윌리엄은 내 답변이 마음에 들었는지 함께 일하자고 했고 나의 업무 가능 시간과 요일을 조율해주었다.

그리하여 나는 뉴욕 포덤대학교의 영어학과 산하기관인 라이팅 센터writing center에서 글쓰기 전문가로 일하게 되었다. 얼마 전까지만 해도 취업 준비생이었던 내가 이제는 '투 잡'을 뛰게 되었다. 일명 '살인 스케줄'이 시작되었다. 아침부터 오후 3시까지는 뉴저지의 초등학교에서 영어를 가르치고, 그 이후부터 저녁 8시까지 뉴욕 맨해튼 센트

럴 파크 옆에 있는 대학교에서 대학생과 대학원생들에게 영어를 가르쳤다. 매우 바빴지만 아주 행복한 일정이었다. 뉴저지에서 뉴욕으로 넘어가기 위해 건너는 조지 워싱턴 다리 위에서 아무리 차가 막혀도 단 한 번도 지루하게 느껴지지 않았다. 일을 마치고 센트럴 파크에서 먹는 샌드위치도 항상 맛있었다. 월요일부터 금요일까지 쉴 틈 없이 일했지만, 이 모든 것이 그저 감사했다.

포덤대학교에서 했던 일은 학생들이 페이퍼 과제나 논문을 쓰면서 글을 조금 더 매끄럽게 하기 위해 전문가의 도움을 받고자 할 때, 써온 글을 검토해주며 어디를 어떻게 고쳐야 할지를 조언해주는 역할이었다. 도움이 필요한 학생들은 웹사이트에서 원하는 전문가specialist와 일정을 잡고 그 시간에 맞추어 일대일로 진행되는 일종의 과외였다. 나를 선택한 학생들에게 매번 최선을 다해 글을 살펴보아주고 조언을 아끼지 않았다.

나의 열정이 미국 대학생들에게 통했던 것일까. 영문학 박사과정을 밟고 있던 미국인 직장 동료들보다 내 룸의 예약이 언제나 꽉 찼다. 매번 나를 선택해주는 학생들이 참 고마웠다. 유학생뿐만 아니라 영어가 모국어인 미국인 학생들이 토종 한국인인 나에게 영어를 배우고 글쓰기 도움을 받기 위해 계속 예약한다는 사실은 나에게 신선한 충격이자 기분 좋은 경험이었다. 다양한 문화와 언어가 공존하는 뉴욕이라는 도시가 주는 특별함도 있겠지만, 피부 색깔로 판단받지 않고 오로지 실력으로 인정받을 수 있음을 확인하는 순간이었다.

포덤대학교의 중국인 학생 비율이 점점 늘어나고 있는 영어학과 교수님들은 중국 학생들을 잘 이해하고 영어를 조금 더 효과적으로 가르치는 방법에 대해 관심이 많았다. 센터 담당자였던 윌리엄은 그 주제에 관해 교수 세미나를 종종 열었고, 그때마다 중국 유학 경험이 있고 영어 교육 석사학위가 있는 나에게 세미나에서 발표할 수 있는 기회를 주었다. 그중 기억나는 주제가 '아시아인들이 미국에서 공부할 때 걸림돌이 되는 영어 습관'이다. 교수 세미나에서 발표하면서 또한 센터 동료들과 매주 글쓰기 교수법에 대해 다양한 주제로 토론을 하면서 내 영어 실력의 내실은 더욱 탄탄히 다져졌다.

아시아인에게 걸림돌이 되는 영어 습관들

일을 시작한 지 몇 주가 지난 어느 날이었다. 윌리엄이 나를 자신의 사무실로 불렀다. 윌리엄은 내가 팔리 교수님의 추천으로 일하게 된 거라 취업 지원서를 받아놓은 것이 없다며 지원서에 내 기본 정보를 써달라고 했다. 월급 전산 처리가 목적이었다. 이미 취직해서 일하는 중에 취업 지원서를 쓰고 있는 내 상황이 재미있으면서도 한편으로는 아이러니했다.

그때 미국 회사에서 직원들을 뽑는 일을 담당하셨던 지인분이 나에게 해주셨던 말씀이 머릿속을 스쳤다. 한국과 다르게 미국에서는 대학교, 대학원에서의 교수 추천서가 중요하고, 회사에서 새 직원을 뽑을 때도 회사 내부 인맥을 통해 먼저 뽑고, 공채로 직원을 뽑을 때도 추천인과 이전 상사에게까지 모두 연락해서 최종 후보자가 어떤 사람인지 일일이 확인한다고 했다. 광대한 미국 땅에서 소위 뒷배경을 알 수 없는 사람들이 너무 많기 때문에 한 번의 인터뷰로는 그 사람이 어떤 사람인지 판단하기가 어렵다 보니, 내부 인맥에서 신원이 확실한 실력자를 우선적으로 고용할 수밖에 없고, 따라서 이전 회사 상사의 평가나 교수의 추천이 절대적이었다. 공정성이 강조되는 한국 사회에서는 혈연, 지연, 학연으로 사람을 먼저 뽑는 것이 큰 문제가 될 수 있지만, 미국은 도리어 그것을 더 선호한다는 이야기였다.

이것이야말로 '문화 충격'이자, 서로 다름을 인정해야 할 '문화 차이'였다. 실제로 내가 미국 초등학교와 대학교에서 일할 때도, 공석이 생길 때마다 가장 먼저 학교 내의 직원들에게 이메일을 보내 업무 능력에 부합하는 사람을 추천받고 우선 선발하는 경우가 허다했다. 공채 공고가 나가기 전에 이미 직원들의 지인들로 채워지는 것이다. 인터뷰에서 "OOO의 소개를 통해서 왔다"라는 한마디가 미국에서 의미하는 바가 상당히 컸다.

뉴욕대학교 교육대학원의 수많은 학생들 중 내가 팔리 교수님 눈에 띈 것에 정말 감사했다. 그분의 적극적인 추천으로 미국의 한 대학교에 취직할 수 있었다는 것 자체가 기적이었기 때문이다.

Tip

한국인에게 걸림돌이 되기 쉬운 영어 습관

[글쓰기]

1. 문화적 추측

앞에서도 다루었듯이, '글을 읽는 독자들이 이 정도 사실은 일반 상식처럼 당연히 알고 있을 것이다'라고 여기는 문화적 추측으로 인해 고유 명사, 특정 지명, 유명 인물 등을 언급할 때 설명을 덧붙이지 않는 경우가 많다. 영어로 글을 쓸 때는 상식적인 내용이라 할지라도 그 의미를 친절히 설명해주자.

2. 문화적 생각 패턴

미국의 유명한 언어학자인 로버트 카플란Robert Kaplan은 언어를 크게 5종류의 문화로 분류하여 생각의 패턴을 연구했고, 각각의 특징을 화살표로 나타냈다.

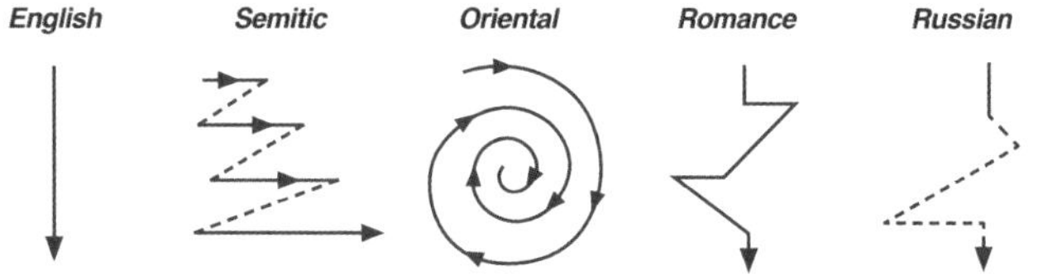

*Cultural thought patterns in inter–culture education (Kapian, 1966: 21)

그의 연구에 따르면, 영어를 쓰는 사람들의 생각 패턴은 단도직입적이며 목표를 향해 일직선으로 나아간다. 반면에 아시아 국가에서 쓰는 언어들Oriental은 목표를 향해 직접적으로 접근하기보다는 다양한 관점들을 고려하면서 마침내 최종 목표에 도달하게 되는 생각 패턴을 보여주고 있다.

이러한 생각 패턴의 차이는 글쓰기를 할 때도 여실히 드러난다. 생각을 직접적으로 표현하는 것에 익숙하지 않은 아시아 문화권의 사람들은 기승전결의 구도로 글을 쓰면서 가장 마지막에 자신이 주장하고자 하는 의견을 피력한다. 반면에 영어로 쓰는 글은 단도직입적으로 처음부터 끝까지 자신의 의견을 내세우며 그 주장을 뒷받침하는 근거들을 제시한다. 우리는 내 의견과 다른 상대방의 의견까지도 배려하는 것이 몸에 밴 한국인이지만, 영어로 글을 쓸 때만큼은 영어를 쓰는 사람들처럼 일방적으로 사고하도록 노력해야 한다.

3. 독자 인식

영어는 '글을 쓰는 사람이 글의 내용을 독자에게 명확하게 전달해야 할 책임이 있는 언어'에 해당하며, 그에 반해 한국어나 중국어와 같은 아시아 국가의 언어들은 '글을 읽는 독자에게 글쓴이의 의도를 자유롭게 이해하고 해석하는 책임을 부여하는 언어'에 해당한다. 독자에게 해석의 여지를 남기는 한국어 글쓰기는 글을 써내려가는 글쓴이에게도 형식적인 측면에서 큰 제약이 없는 편이지만 영어는 그렇지 않다. 영어로 글을 쓸 때는 글을 읽는 독자들이 글쓴이의 의도에서 벗어나지 않게 해야 하므로 글의 구조나 형식을 철저히 지켜서 써야 하며 주제 문장과 결론을 명확하게 드러내야 한다. 자유로운 글쓰기에 익숙한 한국인들이 정해진 틀에 맞추어 사소한 내용까지도 자세히 설명하면서 써야 하는 영어 글쓰기를 어려워하는 이유다. 영어로 글을 쓸 때는 규칙에 맞게 쓰고, 내 글을 읽는 독자들이 이중적인 해석을 하지 않도록 명료하게 글을 써야 한다.

[말하기]

4. 영어에만 존재하는 특유의 발음들

모국어에 없는 발음들로 인해 정확한 영어 발음을 습득하지 못하게 되면 내가 구사하는 영어를 원어민들이 못 알아듣는 경우가 종종 발생할 수 있다. 그렇기에, 특별히 발음하기 힘든 생소한 영어 단어를 영어 사전에서 찾을 때는 그 단어의 발음 기호까지 정확하게 파악하고 발음 연습을 하는 것이 중요하다. 요새는 발음 음성 지원이 되는 영어 사전 앱을 이용하는 사람들이 대부분이라 발음 기호가 왜 중요한지 반문할 수 있다. 하지만 발음을 귀로만 들어서 미묘한 차이를 알아내기에는 한계가 있기 때문에 발음 기호에 따른 발음의 차이를 습득하여 정확한 발음을 구사하기를 바란다.

5. 강세와 억양

발음만큼, 아니 때로는 발음보다도 더 중요한 것이 바로 강세와 억양이다. 한국어에는 강세와 억양이 없기 때문에 영어를 학습하면서 영어 단어의 강세나 억양을 간과하는 경우가 많다. 하지만 발음을 정확히 했는데도 상대방이 내 영어를 잘 알아듣지 못한다면 그것은 분명 강세나 억양을 정확하게 살리지 않았기 때문일 것이다. 중국어에는 단어마다 뚜렷한 성조가 있다 보니 중국인들은 영어를 학습할 때도 영어 단어의 강세와 억양의 중요성을 알고 자연스럽게 습득한다. 내 중국 친구가 나보다 영어 발음은 좋지 않은 것 같은데 그 친구의 영어를 원어민들은 잘 알아듣는 경우를 경험했다면 바로 강세와 억양에서 비롯되었다고 볼 수 있다. 영어 단어나 표현들을 외울 때 의미, 스펠링, 발음과 더불어 강세와 억양까지도 나에게 익숙해질 때까지 계속 연습하는 것이 중요하다.

6. 명사의 단수, 복수 개념 및 관사

한국에서는 일반적으로 물건의 개수를 일일이 언급하지 않아도 의미 전달에 문제가 없다. 예를 들어, 연필이 필요할 때 상대방에게 "연필 주세요"라고 말하지, "연필 한 자루 주세요"라고 말하지 않는다. 굳이 한 자루라는 말을 하지 않아도 특정 개수를 언급하지 않으면 자연스레 한 자루라는 의미가 내포되어 있다고 누구나 생각하기 때문이다.

하지만 영어에서는 엄연한 차이가 존재하기 때문에 단수와 복수를 정확히 구분해서 사용해야 하는데, 명사의 수 개념을 일일이 표현하는 것에 익숙하지 않은 한국인들은 단수인지 복수인지를 빠뜨린 채 명사만을 말하는 경우가 허다하다. 명사 앞에 붙는 관사에 대한 정확한 이해는 영어 말하기와 글쓰기에서 필수라고 할 수 있다. 관사 'the, a, an'의 기본적인 규칙들을 잘 숙지하여 관사나 단수, 복수 표현들을 빠뜨리지 않도록 하자.

미국에서 취업을 준비하는 유학생이라면 무엇보다도 교수님과의 관계를 돈독히 하는 것이 중요하다. 취업에 성공한 학교 선배나 지인들의 조언을 귀담아듣고 도움받는 것도 현명한 방법이다. 또한 실무 트레이닝 허가증인 CPT[Curricular Practical Training]를 신청해서 방학 동안 자신의 전공 관련 분야에서 인턴십을 하며 크고 작은 경력을 쌓기를 추천한다. 언제, 어디에서, 누구로부터 추천을 받아 취직하게 될지는 아무도 모를 일이다. 미국에서의 인간 관계와 경험을 소중하게 여기기를!

도전이 인생 역전을 만들어낸다

초등학교와 대학원에서 일한 지 6개월 정도가 지나자 학생들을 가르치는 일에 능숙해졌다. 주중 하루도 빠짐없이 12시간씩 일하며 여전히 바쁜 삶을 살고 있었지만 나는 또 다른 무모한 도전을 하고 싶었다. 미국인에게 영어를 가르치는 경험을 더 많이 하고 싶어 혹시나 하는 마음에 토요일에 파트 타임으로 일할 수 있는 곳이 있는지 찾아보기로 했다. 교사 자격증이 있는 교사들이 이용하는 구직 사이트인 www.k12jobspot.com에 들어갔다. 스크롤을 내리다가 토요일에 수업 가능한 영어 강사를 찾는 프레스티지 인스티튜트Prestige Institute라는 교육 기관을 보았고 이력서를 보냈다. 그리고 며칠 뒤 면접을 보자는 연락이 왔다.

면접일에 해당 건물에 도착해서 간판을 보니 딱 보아도 한인이 운영하는 곳 같았다. '설마 한국어로 영어 수업하는 곳은 아니겠지' 반신반의하며 건물로 들어갔다. 대표님과의 인터뷰가 진행되었고 '이곳에서의 티칭 경험도 값진 경험이 될 것'이라는 마음으로 최선을 다해 인터뷰에 임했다. 대표님께서는 미국 대학 입학 시험인 ACT와 SAT를 가르치는 입시 전문 학원이라고 소개하며, SAT나 ACT의 영어 파트를 영어로 가르쳐본 적이 있는지 물었다. 나는 "미국에 온 지 5년 정도밖에 되지 않아 미국 대학 입시에 대해 잘 알지 못합니다. SAT라는 시험은 들어보았지만 ACT는 들어보지도 못했고, 단 한 번도 가르쳐본 적이 없습니다"라고 솔직하게 대답했다.

경력자를 찾고 있다며 인터뷰를 마무리하실 줄 알았는데 대표님의 반응은 내 예상과 달랐다. "미리 수업 준비만 잘해오시면 충분히 잘 가르칠 실력을 갖추신 것 같은데요"라고 격려하며 시험지 샘플을 줄 테니 1주일간 수업 준비를 해서 다음 주 토요일에 강의 시연을 보고 최종 결정하겠다고 하셨다. 미국 대학 입시를 가르치기는커녕 실제 시험을 본 적도 없는 내가 그 시험 대비반을 가르친다는 발상 자체가 무모해 보였지만, 이 역시 영어 교육의 일부일 테니 한 치의 망설임도 없이 최선을 다해 준비하겠다고 말씀드리고 집으로 돌아왔다.

그날 저녁부터 나의 강의 준비는 시작되었다. 주중에는 초등학교와 대학교에서 일하며 틈틈이 시강 준비를 했고, 잘 모르거나 설명하기 어려운 문제가 나오면 포덤대학교 영문학 박사과정 중인 미국인 직장 동료들에게 도움을 구했다. 1주일간 열심히 준비한 시강을 드디어 선보였다. 첫 수업이라 분명 서툰 부분들이 있었을 텐데도 함께 일하자고 말씀하셨고, 나는 매주 토요일 2시간씩 강의하는 ACT/SAT 영어 파트 강사가 되었다. 영어 때문에 재수까지 했던 내가 미국 입시의 영어 파트를 가르치다니, 이것이야말로 인생 역전 스토리가 아닐까! 그때부터 내 직업 타이틀이 하나 더 늘어, 쓰리 잡을 가진 한국인이 되었다. 월요일부터 토요일까지 초등학생, 고등학교, 대학생, 대학원생들에게 영어를 가르치며 바쁘지만 감사한 나날이었다.

나는 SAT 시험의 두 번째 섹션인 라이팅 파트와 ACT에서는 첫 번째 섹션인 영어 파트를 맡아서 가르쳤다. 두 파트 모두 미국 대학에서 학문을 이해하고 글을 쓰는 데 있어서 꼭 알아야 할 기본적인 영문법, 영어 단어, 지문에 대한 이해와 주제 등을 파악하는 문제들로 이루어져 있었다. 열심히 준비해 첫 강의에 최선을 다했으나 부족함이 곳곳에서 느껴졌다. '조금 더 잘할 수 있었는데'라는 아쉬움과 동시에, 내 강의를 들은 학생들에게 미안한 감정까지 몰려왔다.

첫 강의 후, 부족하다 느껴진 부분들을 보강했다. 보다 정확하고 쉬운 방법으로 문제를 풀 수 있도록 관련 서적과 문제집을 손에 잡히는 대로 철저히 분석해서 나만의 문제 풀이 전략을 만들어갔다. 매주 강의를 하며 학생들이 어떤 문제 유형을 특히 많이 틀리는지, 왜 틀리는지, 어느 부분에서 오개념을 가지고 있는지 등을 파악했고, 그 비슷한 유형의 문제들을 다시 틀리는 일이 없도록 쉬운 예문과 연결시켜 배운 것을 잊어버리지 않도록 했다.

첫 6개월 정도는 한 강의를 준비하는 데만 최소 3~4시간이 소요될 정도로 강의 준비에 정성을 쏟았다. 몸은 피곤했지만 머리는 즐거웠다. 강의 준비를 하면서 내가 그동안 미국에서 배웠던 모든 영어 지식들이 질서 있게 정리되는 느낌이었기 때문이다.

점차 나의 노력이 결실을 맺기 시작했다. 내 강의를 듣는 학생들이 내 티칭 스타일을 좋아하기 시작했고, 그들의 시험 점수 또한 이전보다 상승했다. 오로지 나의 잠재력만을 보고 소중한 기회를 주셨던 대표님의 결정, 무모해 보일 수 있었던 새로운 도전, 더 좋은 강의를 제공하고자 노력했던 열정의 삼박자가 잘 어울어져 이루어낸 결과였다. 내 영어 실력 또한 한 단계 더 상승하는 시너지 효과까지 누릴 수 있었다.

'스스로 공부하고 연구한 것을 누군가에게 설명하고 가르칠 수 있을 때 비로소 그 지식은 나의 것이 된다'고 믿는다. 또한 내가 가진 지식을 가르치고 나누면서 나 또한 더 많이 배우며 성장하고 있음을 경험했다. 익숙해진 환경이나 상황에 안주하지 않고 끊임없이 도전하고 노력하는 사람에게는 언젠가 꼭 인생 역전의 순간이 찾아올 것이다. 그 스토리의 주인공이 바로 '당신'이기를 진심으로 바란다.

48 STRATEGY

문제 풀이는 전략적으로 해야 한다

SAT시험에서 틀리는 문제 유형들은 학생마다 각기 다르겠지만, 학생들이 가장 많이 틀리는 유형 중 하나는 주어진 문장에 알맞은 동사를 선택하는 문제다.
다음의 예를 보자. 이 문장에서 밑줄 친 부분에 들어갈 적절한 동사는 무엇이라고 생각하는가?

The number of students taking at least two online courses <u>are</u> quickly rising nowadays.

A. no change (동사 are이 적절하므로 바꿀 필요 없다는 의미)
B. is
C. was
D. were

이 문제를 본 한국 학생들은 이런 쉬운 문제를 미국 학생들이 많이 틀린다는 사실에 의아해할지도 모른다. 한국에서 영어 문법 수업을 제대로 들은 학생이라면 정답이 B임을 쉽게 맞힐 수 있다. 하지만 영어를 모국어로 쓰는 미국인 학생들은 문법을 따로 배우거나 공부할 일이 없기 때문에 이런 종류의 문제를 접하게 되면 문법적으로 접근하여 풀지 않는다. 대부분의 학생들은 먼저 주어진 문장을 읽고 4개의 보기를 골고루 넣어가며 본인 생각에 가장 자연스러운 답을 고른다.
예를 들어, 앞에 언급한 예시 문제를 미국인 학생들에게 준다면, 가장 먼저 문제 말미에 나오는 단어 nowadays가 "요즈음에는"이라는 현재의 시점을 나타내기 때문에 과거를 나타내는 C와 D는 적절하지 않으므로 정답으로 고르지 않는다. 남은 보기인 A와 B를 해당 문장에 넣어서 더 자연스럽게 느껴지는 것을 정답으로 선택한다. 비율적으로 절반에 가까운 학생들이 B만큼이나 오답인 A를 정답으로 선택한다. 다행히 B가 더 자연스러웠다면 그 학생은 이 문제를 맞힐 수 있었겠지만, 상당히 많은 미국 학생들은 A도 충분히 자연스럽다고 느낀다. 이유는 문장을 읽었을 때 students 와 online courses와 같은 복수를 나타내는 명사들이 등장하기 때문에 복수를 나타내는 동사인 are가 더 자연스럽게 느껴지기 때문이다. 하지만 이 문장에서의 주어는 students(학생들)가 아닌, the number of students(학생들의 수)이고 the number는 단수이기 때문에 B가 정답이 되는 것이다.

대부분의 SAT 강사들이 이 문제를 풀이해줄 때, the number가 단수를 나타내므로 단수 동사인 is가 정답이라는 간단한 설명을 한 후 다음 문제로 넘어간다. 하지만 학생들 입장에선 그리 간단한 문제가 아니다. 왜냐하면 똑같은 문제가 다음 시험에 출제되지 않는 한, 학생들은 다음 시험에서도 각각의 보기를 문장에 넣어본 후에 가장 자연스럽게 느껴지는 문장을 고를 것이기 때문이다. 그렇기에, 나는 이런 문제들을 풀이할 때마다 다음 시험에서 비슷한 문제가 나왔을 때에도 적용할 수 있는 5가지 프로세스를 학생들에게 가르치고 훈련시킨다. 물론, 개념별로 정리한 중요 전략과 그에 따른 예외 문제에 관한 내 강의를 모두 들었다는 가정 하에 알려주는 내용이다.

1. 주어진 문장을 읽기 전에 보기 A, B, C, D를 먼저 보고 차이점을 찾기
2. 차이점을 통해 어떤 개념을 물어보는 문제인지를 파악하기
3. 개념을 파악했다면 그 개념에서 배운 특정 전략을 적용하여 문제를 풀기
4. 혹, 전략이 통하지 않는 예외적인 문제가 아닌지를 확인하고 최종 정답을 선택하기
5. 예외적인 문제에 해당한다면 그에 따른 전략을 적용하여 최종 정답을 선택하기

이 프로세스를 적용하여, 앞에 언급한 예시 문제를 다시 살펴보자.

1-a. 가장 먼저 보기 A, B, C, D를 보며 차이점을 찾는다.
2-a. A와 B는 현재 동사이고 C와 D는 과거 동사이므로, '시제'를 묻는 문제임을 알 수 있다.
2-b. A와 D는 복수 동사이고 B와 C는 단수 동사이므로, 주어가 찾아 그것이 단수인지 복수인지를 알아야 풀 수 있는 '주어-동사

수 일치'에 해당하는 문제임을 알 수 있다.

3-a. 먼저, 문장 말미에 있는 현재 시점을 나타내는 단어인 nowadays를 통해 시제를 파악할 수 있다. 현재 시제를 골라야 하므로 C와 D는 정답에서 제외된다.

3-b. 남은 보기인 A와 B 중에서 정답을 고르기 위해 '주어-동사 수 일치' 개념에서 배운 전략을 사용할 차례다. 몇 가지 예외가 있지만 대부분의 주어는 문장의 첫 명사다. 이 문장에서 첫 번째 단어는 the number이고 단수 명사이기에 단수 동사 is가 적절하다.

4-a. 예외에 해당하는 문제가 아니므로 정답을 B로 선택한다.

이 과정이 훈련된 학생들은 실제 시험에서 문장 안에 students나 online courses와 같은 복수 명사가 아무리 많이 나열되어 있더라도 현혹되지 않고 정답을 선택할 수 있다.

강의를 할 때에는 해당 문제와 비슷하지만 전략이 통하지 않는 예외 문제를 꼭 다루어서 비슷한 듯하나 엄연히 다른 문제라는 것을 학생들이 비교해볼 수 있는 기회를 주어야 한다.
예를 들어, "A number of students is/are sick today"라는 문장을 칠판에 쓴 후, 적절한 동사를 찾아보라고 한다. 방금 배운 전략을 사용한다면 문장 제일 앞에 위치한 명사가 주어라고 했으니 a number가 주어일 것이고, 그렇다면 단수 동사인 is가 정답이 된다. 하지만 최종 답인지 확인하기 위해 is를 문장에 넣어 읽어보면,

무엇인가 부자연스럽다. 왜냐하면 복수의 의미를 지닌 'a number of'가 뒤에 나오는 students를 수식해주기 때문에 문장 제일 앞에 위치한 a number가 주어에 해당하는 명사가 아니게 된다. 따라서, 배운 전략이 통하지 않는 것이다. 이 문장의 주어에 해당하는 명사는 a number of 가 아닌 students(학생들)가 주어이므로 복수 동사인 are가 최종 정답이 된다.
이렇듯, 전략이 통하지 않는 예외적인 문제를 꼭 다루어주어야 오답률을 줄일 수 있다.

미국 동부 최대 입시 학원 원장이 되다

프레스티지 인스티튜트에서 매주 토요일 2시간씩 했던 수업이 점차 늘더니 2년차에는 1주일에 40시간 이상을 수업하게 되었다. 내 영어 강의를 수강한 모든 학생들의 SAT/ACT 점수가 상승한 것은 물론, 대부분의 학생들이 만점을 받게 된 것이다. 교육열이 높은 북부 뉴저지 지역에 입소문이 빠르게 퍼졌다. 고등학생 자녀를 둔 학부모들 사이에서 '알버트'라는 영어 강사의 존재가 알려지기 시작했다. 덕분에 토요일 파트 타임으로만 일했던 나는 마침내 프레스티지 인스티튜트를 대표하는 영어 파트 전담 메인 강사가 되었다.

영어 강사 일을 시작한 지 3년차가 되던 2018년 2월, 대표님께서 미팅을 하자고 하셨다. 대표님은 내가 지난 2년 동안 열심을 다해 학생들에게 좋은 강의를 제공한 덕에 그동안 학원이 많이 성장할 수 있었다고 하시며, 앞으로 2개의 지점을 더 늘릴 계획이니 지금 가르치고 있는 학원 본점의 원장직을 맡아달라는 파격 제안을 하셨다. ACT

입시 대비에 있어서 미국 동부 지역 명실상부 최고였으며 SAT로도 좋은 입지를 다져가고 있던 프레스티지 인스티튜트 본점의 원장직을 마다할 이유가 전혀 없었다. 그리하여, 영어를 가르치는 게 언제나 행복했고 학생들의 시험 성적이 오르는 것을 함께 기뻐했던 나는 학원 경영까지 책임지는 알버트 원장이 되었다.

원장의 가장 큰 역할은 학부모와의 상담부터 직원 채용, 강사 수급, 회계 관리, 매 학기 프로그램 계획 및 수업 관리, 그리고 학생 성적 관리다. 대표님은 나를 믿고 전적으로 맡기셨다. 모든 직원과 강사 들이 한마음으로 열심히 해준 덕분에 매년 큰 성과를 보였다. 내가 원장직을 맡고 처음으로 기획한 그해 여름 학기 ACT반은 더 이상 등록을 받을 수 없을 정도로 예상 정원을 초과하는 바람에, 근처에 있는 국제 학교 건물을 빌려 추가로 반을 편성했고 복도에까지 책상을 놓아야 할 정도로 급성장했다. 그로부터 학원은 더욱 승승장구해서 지금은 총 5개의 지점에서 운영되는 미국 동부 최대 규모의 ACT/SAT 입시 전문 학원이 되었다.

학원에 등록하는 학생들은 순서에 따라 아이디 넘버를 부여해주었는데, 2020년을 맞이할 즈음에는 본점에서 부여한 학생 아이디 넘버가 천 번대를 훌쩍 넘겼다. 2년을 넘게 원장으로 일하면서 천 명이 넘는 학부모들을 상담했고, 천 명이 넘는 미국 고등학생들의 영어를 가르쳤다는 사실이 감격스러웠다. 내가 가르친 학생의 학부모님께서 나를 뉴저지주 상원의원과 정치인 들에게 추천해주셔서 'Best English Teacher'와 'Special English Teacher' 표창장을 받게 되었고, 뉴욕 카네기홀에서 연설할 기회도 주어졌다.

무대 위에 올라간 나는 가장 먼저, 미국인 학생들을 가르치는 한국인 영어 교사라고 소개하며 나의 스토리를 나누었다. 또한 한국을 한 번도 방문하지 않은 수백 명의 미국인 청중들에게 한국의 아름다운 섬인 제주도를 소개하며 그곳에서의 에피소드와 여행 꿀팁 등을 재미있게 풀어갔다. 청중들과 소통하는 연설을 한 덕에 객석에서의 좋은 반응과 더불어 기립박수까지 받는 색다른 경험을 하게 되었다.

미국 그 어느 곳보다도 교육열이 높은 북부 뉴저지 지역에서 미국 학생들의 입시 영어를 가르치는 강사직과 그 학원의 원장직을 겸하다 보니, 나는 어느새 미국 입시 교육 전문가가 되었다. 우리 학원에서 공부했던 학생 중, 해마다 5명 이상이 하버드, 예일, 컬럼비아와 같은 아이비리그 대학에 입학했고, 나는 원장으로서 대학 입시에 성공한 학생들이 어떤 전략으로 입시를 준비해서 목표를 이루었는지를 철저히 분석했다. 그런 데이터들이 쌓이다 보니 학부모 및 학생 들과 입시 상담을 할 때마다 개개인의 목표에 따른 맞춤 입시 전략을 제시하기에 이르렀고, 그분들로부터 무한 신뢰를 얻게 되었다.

미국의 공립, 사립, 기숙 학교(보딩 스쿨)를 다니는 학생의 학부모 상담뿐만 아니라 한국에서 미국 대학 입시를 준비하는 학생의 학부모 상담까지, 정말 많은 입시 상담을 했다. 또한 학원 내에서 개최하는 학부모 세미나는 물론이고, 몇몇 고등학교의 대학 입시 세미나에까지 초청을 받아 대학 입시 준비와 학교 내신 관리를 어떻게 해야 하는지를 소개해드렸고 학교 관계자분들, 학부모님, 학생들과의 네트워크를 형성해나갔다.

하루는 학원을 찾아오신 유대인 학부모님께 자녀의 대학 입시 상담을 해드렸더니, 마음에 드셨는지 강의 등록을 하시며 나에게 명함 한 장을 건네셨다. 확인해보니 내 아내가 일하는 공립 학교가 속한 학군의 총 책임자인 교육감이셨다. 교육에 큰 영향력을 가진 분께서 나와의 상담을 마치시고 자기 아들의 입시 지도를 잘 부탁한다며 개인 휴대폰 번호까지 알려주셨던 순간은 아직까지도 아주 특별한 기억으로 남아 있다.

미국의 교육 시스템과 대학 입시 현장을 경험한 사람으로서, 내가 생각하는 미국 교육의 지향점은 한국의 교육과는 완전히 다르다. 한국에서 소위 내신 1등급, 수능 1등급인 학생들이 유명한 대학의 유망 학과에 합격하는 것은 지극히 자연스러운 것이다. 하지만 미국은 전교 내신 성적 1등과 동시에 대학 입시에서 만점을 받았다 해도, 아이비리그 대학을 포함한 미국 최상위권 대학의 입학이 보장되지 않는다. 그렇다고 학교 내신과 입시 점수가 중요하지 않다는 말은 절대 아니다. 하지만 미국 대학 입학관들이 신입생을 선발할 때 가장 눈여겨

보는 것이 지원자 중 누가 가장 고득점을 획득했느냐가 아니라는 의미다. 고등학교에서의 생활 자세와 인간 관계는 어떠했는지, 지역 사회에서 어떠한 봉사 활동을 했는지, 자신이 지원한 전공과 학문에 얼마나 관심을 가지고 그간 관련 경험들을 쌓고자 노력했는지, 대학에서 고등 교육을 받으며 자신의 미래를 어떻게 설계할 계획인지 등을 학생 프로파일, 에세이, 인터뷰, 교사 추천서를 통해 파악하고, 이 모든 것을 종합해 대학의 위상을 높이고 미국 사회에 기여할 만한 잠재력을 지닌 학생을 뽑는다.

이렇게 한국 대학과는 다른 기준을 가지고 신입생들을 뽑는 미국 대학 입시에 대비하려면 소위 '공부'만 시켜서는 안되는 것이다. 내 아이가 무엇에 관심이 있는지, 무엇을 잘 하는지, 미래에 어떠한 인물로서 사회에 이바지할 수 있을지를 아이와 함께 고민하는 과정이 꼭 필요하다.

49 STRATEGY

입시에 성공하는 7가지 전략

미국 입시에 100퍼센트 성공하는 전략은 없다. 하지만 성공 확률과 효율성을 높이기 위한 방법은 명백히 존재한다. 자신이 목표한 미국 최상위권 대학에 당당히 입학한 나의 수많은 제자들의 사례를 토대로 성공 확률을 높일 만한 다양한 전략들을 알고 있다. 그 중에서 미국 대입을 준비하는 학생과 학부모님으로부터 내가 지금까지 가장 많이 받은 질문을 바탕으로 미국 대입 성공 전략 TOP 7을 소개하고자 한다.

Q1. 학교에서 각 수업별로 A 학점을 받기 위해 열심히 공부하고 있다. A 학점이 많을수록 대학 입시에도 유리한가?

A 미국 대학 입학 사정에서 무엇보다도 가장 기본인 것이 바로 학교 성적일 것이다. 하지만 무조건 높은 성적만이 대학 합격을 보장하진 않는다. 미국 대학 입학 심사관들이 합격 당락을 결정할 때 가장 먼저 고려하는 것이 학교 성적이다보니, 많은 한인 학생들이 어떻게든 높은 성적을 받기 위해 비교적 A 학점을 받기 쉬운 수업들을 선택하여 수강하는 경향이 있다. 같은 과목이라 하더라도 수업 내용도 어렵고 진도도 빠른 AP나 Honors 수업에서 A를 받기가 쉽지 않다 보니 기본 개념 위주로 배울 수 있는 regular 수업을 수강하여 무조건 A 학점을 노리는 경우가 허다한데, 그리 좋은 전략이라 볼 수 없다.

동일한 대학에 지원한 비슷한 실력의 학생들 중에서 최종 합격자를 가리기 위해 대학교의 입학 심사관들이 가장 먼저 하는 일은 같은 고등학교 혹은 비슷한 수준의 고등학교에 재학 중인 지원자들의 성적표를 비교해보는 일이다.

이때 가장 중점적으로 고려하는 것은 어떤 지원자가 A를 가장 많이 받았는지가 아니라, 누가 어려운 수업을 더 많이 이수했으며 학년이 올라갈수록 어려운 심화 과목을 얼마나 수강했는지를 중점적으로 본다. 즉, 쉬운 수업에서 받은 A 학점보다, 좋은 성적을 받기가 비교적 어려운 수업에서의 B+가 입학관들이 보기에는 더 매력적이라는 뜻이다.

그렇다고 무조건 AP나 Honors 수업만 고집하면 곤란하다. AP나 Honors와 같은 어려운 클래스에서 B학점 이상을 유지하기 힘들다면 하루 빨리 regular 클래스로 반을 옮겨야지만이 전체 평균 평점GPA에 큰 영향을 받지 않을 것이다.

Q2. 미국 입시에서 만점을 받을 때까지 계속 응시하는 게 좋은가?

A 해가 갈수록 미국 대학 입학 시험 점수의 중요도가 낮아지는 것은 사실이지만, 지원자들간의 절대적인 평가가 가능한 유일한 요소가 바로 입시 점수이기 때문에 SAT나 ACT 점수는 입학 심사관들, 학부모들, 학생들 사이에서 여전히 무시할 수 없는 부분이라고 할 수 있다. 한국 수능과는 달리, 미국 입시는 여러 번 응시할 수 있는 기회가 주어지기 때문에 미국 최상위권 입학을 노리는 학생과 학부모님은 어떻게든 만점을 받기 위해 많은 시간과 돈을 투자한다. 물론 만점을 받는다면 당연히 자랑스러운 일이자 축하받을 일이다. 하지만 여기

서 가장 중요하게 알아야 할 것은 SAT 1,600점 만점, 혹은 ACT 36점 만점이 대학 입학의 당락을 결정하지 않는다는 것이다.
대학교마다 합격 커트라인이 각기 다르겠지만, 지난 4년 동안 미국 최상위 20위권에 속하는 대학에 입학했던 학생들의 점수를 토대로 내가 내린 결론은 SAT는 1,530점 이상, ACT는 34점 이상을 받는다면 미국 최상위권 대학에 입학하는데에 전혀 문제가 없다는 것이다. 만점까지는 아니더라도 목표한 대학의 합격 커트라인에 해당하는 점수를 받았다면 이제는 대학 입시에 필요한 다른 요소들을 더 발전시켜야 할 때다.

Q3. 높은 학교 성적과 대학 입시 점수 만점이 미국 대학 합격을 보장하지 않는다면, 입학 사정관들이 눈여겨 보는 것은 무엇인가?

A 학교에서 높은 평균 평점을 유지하며 SAT나 ACT에서 고득점을 받은 학생들은 의외로 정말 많다. 한 예로, 북부 뉴저지 지역에 위치한 모 공립 고등학교에서는 SAT 1,530점 이상을 받은 학생의 비율이 30퍼센트가 넘었다. 그 30퍼센트에 해당하는 학생들이 모두 최상위권 대학에 입학할 수 있을까? 내 대답은 “No”이다. 왜냐하면 미국 최상위 대학의 최종 합격 여부를 결정짓는 것은 학교 성적이나 입시 점수가 아닌, 학생에게 내재되어 있는 성공 잠재력이기 때문이다.

그렇다면, 입학 심사관들은 점수로 수치화할 수 없는 성공 잠재력을 대체 어떻게 평가하는 것일까? 그것은 자신의 이야기와 포부를 담은 개인 에세이, 자신의 생각과 의견을 타인에게 어떻게 효과적으로 피력하는지를 판단하는 인터뷰, 자신의 재능 기부와 봉사 이력으로 알 수 있는 사회 기여도, 학교에서의 생활 태도와 사제 간의 관계를 증명해주는 추천서 등을 통해 학생 개개인의 성공 잠재력을 파악한다. 틀에 갇혀서 공부만 하며 부모님이 미리 짜놓은 판을 따라가기에 급급했던 학생들은 정작 자신이 어떤 사람인지, 무엇을 좋아하는지, 무엇을 잘하는지를 모르는 경우가 많다 보니 삶에서의 능동적인 태도가 부족하게 되고, 따라서 위에서 언급한 개인 에세이, 인터뷰, 사회 기여도, 추천서 등에서 자신의 성공 잠재력을 어필할 수 있는 능력 또한 부족하게 된다.

내가 분명히 말할 수 있는 것은 "공부만 잘한 학생은 미국 대학 입학관들이 보기에 결코 매력적이지 않다"는 사실이다.

Q4. 글을 잘 쓰는 편이 아닌데, 대입을 위한 에세이를 어떤 식으로 써야 하는가?

A 미국 대학 입시의 꽃이라 여겨지는 에세이는 미국 대입 전문가들이 공통적으로 중요성을 강조하는 부분이다. 그 이유는 대학 입학관에게 자신의 강점이 무엇인지를 에세이를 통해 분명하게 드러낼 수 있기 때문이다.

대입 에세이는 크게 2가지로 나뉜다. 자신이 지원하는 모든 대학교에 공통적으로 보내지는 커먼 앱 에세이Common App essay와 각 대학교별로 적게는 3가지, 많게는 10가지의 다양한 주제에 답변해야 하는 서플리멘털 에세이supplemental essay가 있다. 대부분의 학생들은 자신이 지원하는 모든 대학에 보내지는 커먼 앱 에세이가 더 중요하다고 생각하여 많은 시간과 노력을 투자하지만, 정작 많은 입학관들은 서플리멘털 에세이를 더 비중 있게 본다는 사실을 학생들과 학부모님들은 잘 알지 못한다.

평소에 글을 잘 쓰는 편이 아니었더라도 대입 에세이를 쓸 때에는 전략이 필요한데, 가장 유용한 팁 중 하나는 자신의 경험담을 통해 진정성 있게 쓰는 것이다. 교내 활동, 방과 후 특별 활동, 동아리 활동, 스포츠 활동, 지역 사회에 재능 기부나 봉사 활동을 했던 경험을 바탕으로 특별한 에피소드를 구체적으로 소개하면서 주제에 맞게 글을 써내려간다면 분명히 에세이를 읽는 입학관들에게 좋은 인상을 심어줄 수 있다. 입학관들은 에세이를 통해 지금까지 이 학생이 자신의 가정, 학교, 지역 사회에 얼마나 기여했는가를 중점적으로 보며, 더 나아가 대학과 세계에 기여할 만한 잠재력을 지녔는지를 평가하게 된다.

Q5. 평소에 학교 선생님들과 긍정적인 관계를 쌓지 못해서 추천서를 부탁하기 어려운데, 이런 경우 나를 아는 지인에게 추천서를 받아도 괜찮은가?

A 미국 대학 입시에서 추천서가 얼마나 중요한 역할을 하는지를 많은 학생과 학부모님들께서 모르는 경우가 허다하다. 입학관들이 주목하는 좋은 추천서는 지원자와 추천인의 친밀하고 긍정적인 관계에서 비롯된 구체적인 추천 이유가 명시된 추천서다. 지원자와 추천인 사이의 실질적인 관계가 없이, 그저 개인적인 인맥으로만 알고 지내는 유명인이나 사회적 지위가 있는 사람의 추천서는 오히려 지원자에게 해가 될 수 있다.

대학에서 가장 기본으로 요구하는 추천서는 학교 선생님께 받는 추천서다. 그렇기에, 적극적인 학교 생활과 더불어 선생님과의 관계 또한 돈독히 쌓는다면 입학관들이 주목할 만한 좋은 추천서를 받는 데 무리가 없을 것이다.

Q6. 미국 대학 입학 전형이 어떻게 되는가? 한국처럼 수시, 정시 전형으로 이루어지는가?

A 한국의 수시 전형처럼 미국 대학에도 우수한 인재들을 우선 선발하는 조기 전형early decision, early action이 있다. 아이비리그 대학들을 포함한 최상위권 대학교들을 기준으로 봤을 때 일반 전형regular decision보다 조기 전형 지원자들의 합격률이 훨씬 더 높기 때문에 조기 전형을 적극 활용하는 것을 추천한다.

Q7. 스포츠 활동을 정말 좋아하는데 부모님께서 학교 공부와 대학 입시에 더 집중하라고 한다면, 입시 준비를 위해 운동을 그만두어야 할까?

A 미국 대학들은 스포츠에 열광한다. 대학별로 다양한 스포츠 팀과 리그가 존재하고, 대학 리그에서의 승리는 곧 그 학교의 명성과 직결된다. 그러다 보니 기왕이면 뛰어난 스포츠 실력을 갖춘 사람을 더 선호하는 경향이 있다.

예를 들어, 농구팀이 있는 대학교의 입학 사정관이 비슷한 실력을 가진 지원자들 중에 최종 합격자를 뽑아야 한다면, 고등학교에서 농구부 주장을 한 학생이 더 매력적일 수 밖에 없다. 2019년 《워싱턴 포스트》에서 제시한 자료에 의하면, 프린스턴대학교를 합격한 학생의

19퍼센트와 하버드대학교를 합격한 학생의 16퍼센트가 고등학교 스포츠 팀 주장이었다.

그렇다면, 미국에서 한인 학생들이 상대적으로 두각을 나타내는 스포츠는 무엇일까? 그것은 바로, 수영 종목이다. 실제로 내 제자 중 몇몇은 뛰어난 수영 실력을 인정받아 아이비리그 대학과 최상위권 대학에 입학한 사례가 있다. 당신이 학교 대표 스포츠 팀에서 두각을 나타낼 정도로 뛰어난 실력을 가졌다면, 그 능력 또한 미국 대학 합격률을 높이는 데 도움이 될 수 있을 것이다.

알버트,
미국 교육 전문가 되다

"안녕하세요! 알버트 원장입니다"라고 첫인사를 건네면 입시 상담을 하러 학원을 방문한 한인 학부모님의 99퍼센트는 놀란 표정을 지으며 "네? 원장님이세요? 학생인줄 알았어요"라고 말씀하신다. 상담 중에 입시 프로그램의 각 파트를 담당하고 계시는 강사님들을 소개하면서, "영어 파트는 원장인 제가 직접 가르치고 있습니다"라고 말씀드리면, "한국어를 이렇게 잘하시는데 영어 파트를 가르치신다고요?"라고 반응하시며 또다시 놀란 표정을 지으신다.

어찌 보면 미국 한인 사회에서는 당연히 나올 법한 자연스러운 반응이다. 뉴저지, 뉴욕, 메사추세츠주에 5개의 지점이 있고 라디오 방송에서 숱하게 들었으며 고속도로의 대형 광고판에서도 쉽게 볼 수 있는 명실상부 미국 동부 최대 입시 학원의 본점을 운영하는 원장이 20~30대로 보이는 젊은 사람일 것이라고는 그 누구도 상상하지 못했던 것이다. 소위 '이민 1세대'에 속하는 학원 강사나 원장들은 비교적 영어 실력의 비중이 높지 않은 수학 과목을 가르치는 것이 일반적인데, 한국인 학원 강사 겸 원장인 내가 영어 파트를 영어로 가르친다는 사실이 이민 1세대인 학부모님들 사이에서는 흔하지 않은 일이었다.

이민 1세대, 2세대라는 말은 대체 어떻게 구분 짓는 것일까? 현재 미국에 거주하는 중국 혹은 일본 출신 이민자들 중에는 이미 이민 4~5세대인 분들도 심심찮게 만날 수 있지만 이민의 역사가 그리 길지 않은 한국계 이민자들은 아직까지 이민 1~2세대가 주를 이룬다. 한인 1세대는 한국에서 태어나 자랐고 성인이 되어서 미국으로 이민 온 사람들을 일컫는다. 한인 1세대 중에서도 영어를 유창하게 잘하는 분들이 많지만, 아무리 그렇다 한들 모국어인 한국어를 훨씬 더 편하게 여기고 미국 문화보다는 한국 문화가 여전히 익숙하신 분들이다. 한인 2세대는 미국에서 태어난 한인 1세대의 자녀들이다. 미국에서 태어나 자라다 보니 한인 부모님들이 피나는 노력으로 한글 교육과 한국 문화를 가르치지 않는 한, 그들은 미국 문화를 더 자연스럽게 받아들인다. 영어를 자신의 제1언어로 여긴다. 실제로 한인 2세들 중 대다수는 한국말을 거의 하지 못한다. 정체성 또한 미국인이라고 여기며 미국인으로서 살아간다. 한인 2세인데도 불구하고 한국 말도 유창하고 한국 문화도 잘 이해한다면, 부모님께서 자녀들의 이중 문화와 이중 언어를 위해 가정에서 엄청난 노력을 하셨다고 볼 수 있다.

또한 한인 1~2세대뿐만 아니라 '한인 1.5세'라는 말도 자주 접할 수 있는데, 이는 한국에서 태어났지만 어릴 때 미국 이민을 오게 되어 미국의 초·중·고등학교 교육 과정 중 하나 이상을 받은 사람들이다. 사람마다 차이는 있겠지만, 보통 초등학교 고학년에서 중학교 즈음 미국에 온 한인 1.5세 이민자들은 한국 문화와 미국 문화를 골고루 수용하고, 이중 언어를 완벽히 구사한다. 언어적인 측면에서 영어와 한국어가 완벽하다 보니 성인이 된 후 취업생들의 부러움의 대상이 된다.

지금보다 더 나은 삶을 자녀들에게 물려주기 위해 한평생을 일하고 헌신하신 이민 1세대 부모님들 덕분에, 이민 2세대들은 질 좋은 교육을 받으며 물질적으로도 풍요로운 삶을 누린다. 하지만 1세대와 2세대의 관계 속에서 흔히들 발생하는 '언어와 문화 차이'에서 오는 갈등은 서로 간의 '세대 차이'에서 오는 갈등을 가뿐히 뛰어넘을 정도로 심각한 경우가 많다.

실제 많은 이민 가정에서는 세대 차이보다 언어와 문화 차이에 먼저 부딪혀서 부모와 자녀 간에 대화가 단절되는 경우가 허다하다. 같은 미국 땅에서 살고 있지만 한국 문화가 더 익숙한 한인 1세대 부모님들은 자유분방한 미국 10대들의 문화를 2세대 자녀들을 통해 경험하게 되면서 적잖은 충돌이 일어난다. 또한 여러 가지로 고민거리가 많아지는 중·고등학교 자녀들과 속 깊은 이야기를 하기에는 1세대 부모님의 영어 실력이 부족하고 2세대 자녀들은 한국어 실력이 부족하다. 그러다 보니 서로 간의 대화가 점점 줄어들어 "밥 먹었니?" 등의 생존과 관련한 기본 대화와 'Yes or No'로 대답할 수 있는 단답형 질문만 오갈 뿐이다. 실제 학원이나 교회에서 만났던 대부분의 이민 가정이 이러한 갈등에 직면해 있었다. 특히 고등학교 졸업 후 독립한 자녀를 둔 이민 1세대 부모님들은 "내가 낳고 길렀지만 이제는 내 자식이 아닌 것 같아요"라고 허탈해하셨다. 성인이 된 자녀들은 부모님의 한국 문화권에서 벗어나 본격적으로 미국 문화에 빠르게 스며들다 보니, 한 집에 살면서 그나마 있던 교류마저 뜸해지고 마는 것이다. 자녀들을 좋은 대학에 진학시키고 더 나은 이민자의 삶을 물려주기 위해 감당했던 1세대 부모님들의 헌신과 자녀들과의 관계는 반비례하는 것 같아 씁쓸했다.

'더 나은 이민자의 삶'과 '1세대 부모와 2세대 자녀 간의 친밀한 관계'라는 두 마리 토끼를 동시에 잡을 수는 없는 것일까? 내 경험상 많지는 않았지만 2마리 토끼를 다 잡은 이민 가정들을 가끔 만나 그 비결을 묻곤 했다. 직접 여쭈어보기도 하고 그 가정의 특별한 삶을 가까이서 지켜보면서 2마리 토끼를 다 잡은 1세대 부모님들의 공통적인 특징을 발견했다. 그들은 미국 태생의 자녀들에게 부모님 나라인 한국에 관심을 가지도록 한국어와 문화 교육을 가정에서 끊임없이 하고 계셨다. 가족끼리는 무조건 한국어로 대화하기, 연령대에 맞는 한국 방송 프로그램을 함께 시청하기, 한글로 된 책이나 신문을 같이 읽고 토론하기, 한글 일기 쓰기, 한글 학교 수료하기, 한국어 예배 참석하기 등의 다양한 방법이 동원되었다. 재정적 여유가 있으신 부모님들은 방학마다 자녀들을 한국의 조부모나 친척 댁에 머물게 하거나 한국에서 열리는 다양한 방학 프로그램에 참석하게 해서 한국 문화도 접하고 이곳저곳을 여행하며 흥미로운 경험을 쌓도록 하셨다.

속속들이 미국인인 한인 2세들이 부모님의 이러한 한국 교육을 지속적으로 잘 따라오려면 내적 동기가 필요하다고 하셨다. 미국 사회에서 이중 언어와 이중 문화를 가진 것에 대한 자부심을 갖게 하는 것이다. 무조건 따라오게 강제하기보다는 자녀의 관심, 성향, 연령대에 맞게 적절한 방법을 취함으로써 중·고등학생을 거쳐 성인이 되어서도 한국어와 한국 문화에 자긍심을 갖게 해야 한다는 말씀이셨다.

하지만 바쁘게 돌아가는 이민 사회를 살아가는 한인 가정에서 이러한 교육을 지속적으로 하기는 결코 쉬운 일이 아니다.

상담하면서 만난 한인 학부모님들은 영어와 한국어에 능숙한 나에게 자녀들의 학업 지도뿐만 아니라 그들의 좋은 멘토가 되어주기를 원하셨다. 나는 두 세대를 연결해주는 가교 역할을 하는 것을 또 하나의 사명으로 여겨 부모와 자식 간의 관계가 회복될 수 있도록 서로 간의 진심이 왜곡되지 않게 전달하려고 애썼다. 애초에 교육자가 되기로 결정했던 것도 탁월한 지식 전달을 통해서 이웃을 돕고 선한 영향력을 끼쳐 그들의 삶이 더 행복해지기 위함이었기에, 세대와 문화의 브릿지 역할을 하며 갈등을 겪고 있는 가정이 화목해지는 것이라면 나에게는 큰 영광이자 기쁨이었다.

요새 10대들, 절대 호락호락하지 않다. 더군다나 한국인인지, 미국인인지, 그 중간쯤인지의 정체성 혼란까지 겪는 한인 2세 고등학생들을 다루기가 여간 어려운 일이 아니다. 그런 아이들을 가르칠 때마다 가장 신경썼던 것은 '실력'과 '재미'였다. 탁월한 수업 실력을 통해서 아이들에게 실질적인 도움이 되는 존재가 되고자 했고, 학업에 지치고 다양한 문제로 힘들어하는 아이들이 해맑게 웃을 수 있도록 애썼다. 차츰 그들의 마음에 쌓인 높은 벽들이 조금씩 허물어졌다.

기본적으로 한 수업당 2~3시간을 할애하며 철저히 준비했던 나의 수업에 대한 학생들의 만족도는 매우 높았고, 개개인의 학업 성과를 계속 주시하며 학생들을 진심으로 격려했다. 스포츠를 좋아하는 학생들과는 같이 운동도 하고, 학교 행사나 개인 발표회에 참석해 축하해주기도 했다. 그러다 보니 미국 학생들이 즐겨 하는 SNS인 인스타그램의 내 아이디를 학생들이 먼저 팔로우 신청을 할 정도로 아이들과 부쩍 가까워졌다. 어른에 대한 불신의 벽이 조금씩 깨지면서 나는 개인 면담을 통해 그 아이의 삶을 이끌어주는 멘토 역할을 감당했고, 학업적으로 도울 수 있는 부분이 더 있다고 판단되면 개인 시간도 할애했다. 그럴 때면 학생들은 수업 시간에 차마 묻지 못했던 고민거리를 털어놓았고 나는 조언과 더불어 삶에 도전하라고 격려하곤 했다.

팬데믹으로 인해 학생들과의 소통이 어려워진 상황 속에서도 관계

해결사인 알버트 교육 전문가는 지금도 좋은 퀄리티의 비대면 수업을 제공하며 학생들과 지속적으로 소통하고 있다. 학부모님과의 전화 상담도 소홀히 하지 않는다. 소통과 관계는 나를 앞으로 나아가게 하는 원동력이다.

받기만 했던 사람에서 주는 사람으로

"이웃을 위해 살아야 해."

어렸을 때부터 줄곧 부모님께 들었던 말이다. 2010년 미국행 비행기를 타기 직전에도 또 들었던 그 말, 내가 현실에 안주하며 세상과 타협하려는 순간마다 부모님은 인생의 참 의미를 상기시키시며 또다시 하신 말씀이 "이웃을 위해 살아야 해"다.

처음에는 이 말을 '이기적으로 살지 말라'는 단순한 의미로 받아들였다. 하지만 세상 물정을 알아간 순간부터 부모님의 이웃 사랑 정신은 지금의 그분들을 있게 한 원동력이 되고 있음을 깨달았다. 나의 롤모델인 부모님의 삶을 따르기 위해 무엇을 하든 기쁨으로 이웃을 섬겨야겠다고 다짐했다. 이제 와서 돌이켜보니 내가 이웃의 필요를 채워줄 때마다 대가를 바라지 않고 기쁨으로 할 수 있었던 이유는 직접 그런 삶을 몸소 보여주셨던 부모님 덕분인 것 같다.

2015년 9월, 미국의 첫 직장에서 받은 첫 월급을 아내에게 보여주며 말했다. 이웃을 위해 살고자 하는 상징적인 의미로 내 첫 월급 전체를 이웃을 위해, 또 그 후로는 우리가 매달 버는 돈의 일정 금액을 따로 모아서 도움이 필요한 이웃에게 쓰는 것이 어떨지 조심스럽게 제안했다. 아내는 감사하게도 내 제안을 흔쾌히 허락함은 물론이고 이웃에게 함께 베풀 수 있음을 기뻐했다.

당시 아내와 나는 미국 교육 분야에서의 경력과 전문성을 쌓느라 시간적 여유가 없었기에 금전적으로 도움이 필요한 이웃을 돌보는 것이 우리에게는 최선이라 여겼다. 이웃을 위해 쓰기로 한 돈이 여러 달에 걸쳐 차곡차곡 모이다 보니 생각보다 큰 금액이 되었다. 우리는 '교육'에 사명이 있는 부부인지라, 학생들 중에 특별히 형편이 어려운 아이들을 몰래 도와주는 '키다리 아저씨'가 되기로 했다. 그리하여 금전적으로 힘든 가정에서 자라는 아이들을 만날 때마다 우리 부부는 그 필요에 따라 도움을 주기 시작했다.

2016년 겨울, 첫째 딸 수아가 태어남과 동시에 2017년 1월부터 아내가 대학원 공부를 시작해, 학교 교사 일과 병행하며 눈코 뜰 사이 없는 바쁜 나날이 지속되었다. 나는 2018년 초부터 입시 학원 원장으로 일하기 시작했고, 그해 둘째 딸 수지가 태어나면서 책임져야 할 가족이 더 늘어났다. 육아와 일에 내몰리다 보니 "이웃을 위해 살자"라는 나의 인생 모토는 까맣게 잊게 되었다.

그때 마침, 한국에 계신 어머니와의 통화에서 뜻밖의 이야기를 들었다. 초등학생 때 동네에 있는 '배우리학원'이라는 곳을 다녔는데, 1997년에 IMF 여파로 우리 집이 내 학원비를 감당하기 어렵게 된 적이 있었단다. 그때 어머니께서 김자아 원장 선생님을 만나 자초지종을 털어놓았고, 그분의 배려와 도움으로 내가 학원을 계속 다닐 수 있었다고 하셨다. '가난' 때문에 행여나 내가 기죽을까 봐 차마 하지 못하신 두분의 비밀 이야기를 이제는 딸이 둘 있는 아빠가 된 나에게 꺼내신 것이었다.

나는 그때부터 학원 원장으로서 이웃을 도울 수 있는 방법이 어떤 것이 있을까 고민하기 시작했다. 학원을 다니며 미국 입시를 준비하고 싶지만 금전적으로 그럴 형편이 되지 않는 사회 소외 계층 자녀들에게 학원비를 대폭 할인해주는 혜택을 주자고 학원 대표님과 운영진들과 협의해 함께 실행해나갔다. 할인된 학원비마저 감당하기 힘들면 열심히 공부하며 잠재력을 보이는 학생들은 아내와 상의해서 그 학생의 학원비를 대신 내주며 계속 공부할 수 있는 기회를 주었다.

학원 원장의 자리에서 도움이 필요한 이웃들을 섬길 수 있음에 감사했다. 그중에 가장 기억에 남는 학생은 2018년 봄에 만났던 데키Dekyi다. 데키는 아내가 일하는 고등학교에서 열린 대학 입시 세미나에 초청받아 프레젠테이션을 할 때 처음 만났다. 데키는 질의 시간에 나에게 이런 질문을 했다.

"학원에서 해마다 몇 명의 학생들을 아이비리그 대학교에 합격시키나요? 저는 꼭 가야 할 이유가 있어서요."

무슨 사연이 있는 듯 보였다. 세미나가 끝난 후 데키를 따로 불렀다. 대화를 나누면서 데키의 딱한 가정사를 알게 되었다. 부모님 모두 티베트에서 오신 이민 1세대여서 영어를 못하셨고, 언니가 다운증후군을 앓고 있어 아버지는 일을 포기하고 언니를 돌보고 계셨다. 어머니의 수입으로만 가족의 생계를 유지한다고 했다. 힘들지만 화목하게 살아가는 가족들을 위해 자신이 꼭 아이비리그 대학교에 합격해서 좋은 곳에 취직해서 고생하는 부모님께 보답하고 싶다고 했다. 나는 꿈꿀 수 없는 상황에서 꿈을 꾸는 데키를 돕고 싶었다. 다음 날 학원으로 찾아오라고 했고, 부모님과 언니를 데리고 학원에 나타난 그녀에게 학원에서 줄 수 있는 혜택을 아낌없이 주면서 아이비리그 입시를 준비할 수 있게 도왔다.

꼭 성공해서 부모님을 행복하게 해주고 싶다던 데키는 2020년, 고등학교에서 유일하게 하버드대학교 입학 통지서를 받게 되었다. 하버드에 합격했을 당시, 데키는 나에게 직접 자신의 합격 소식을 알려주었고 학원과 원장님의 도움 덕분에 합격한 것이라며 감사를 표했다. 나는 그녀의 합격을 진심으로 축하하며 함께 기뻐했다. 꿈꿀 수 없는 상황에서 꿈을 꾸던 '데키'가 비로소 그 꿈을 이룬 것이 참으로 대견스러웠다. 내가 어린 시절 받았던 학원 원장님의 도움을, 이제는 내가 원장이 되어 어린 시절의 나처럼 힘든 상황에 놓인 학생들을 도울 수 있음에 감사하고 뿌듯했다.

미국에서 지내는 동안 아내는 수학 교육, 나는 영어 교육 분야에서의 경력과 전문성을 갖추게 되었다. 그러다 보니 우리 부부의 재능은 수학, 영어에 도움이 필요한 학생들을 돕는 데 최적화되어 있었다. 어려운 가정 형편으로 비싼 학원비나 과외비를 감당하기 힘든 아이들이 있다면 우리 부부가 재능 기부를 하면 좋겠다고 의견을 모았다. 그러던 중, 야나YANA, You Are Not Alone라는 단체를 알게 되었다. 야나는 한국의 사회복지시설에서 지내고 있는 고아 아이들의 필요를 직접 도울 뿐만 아니라 해마다 모범적인 아이들을 미국으로 데리고 와서 여행, 유학, 취업을 시켜주고, 입양을 고려하는 위탁 가정과도 연결시켜주는 등의 다양한 프로그램과 섬김의 손길로 고아들에게 사랑을 전달하고 있는 단체다. 우리 부부는 이 단체가 하고 있는 일이 정말 가치 있다고 느꼈기에, 필요한 이웃을 위해 쓰려고 아내와 함께 모으고 있던 소정의 금액을 기부했다. 또한 한국에서 미국으로 유학 오는 고아 학생 중에 수학이나 영어에 도움이 필요한 아이들이 있다면 우리 부부가 재능 기부를 하고 싶다는 뜻을 야나의 대표이신 목사님과 이사님께 전달했다. 그리하여 2020년 6월까지 야나를 통해 연결된 학생에게 영어를 가르쳤다.

“도움이 필요한 이웃을 위해 나는 과연 무엇을 할 수 있을까?”라는 질문은 내가 이 책을 계속 써내려갈 수 있는 원동력이 되었다. 내가 한때 가장 못했던 영어를 어느 순간 포기해버렸다면, 지금 이 책을 읽는 당신에게 나는 그 어떤 도움도 주지 못했을 것이다. 이 책에서 제시한 영어 학습법, 생활 태도, 마음가짐, 도전거리 등 그 무엇이든 당신의 삶에 도움이 되기를 진심으로 바란다. 또한 이 책의 원동력이었던 “도움이 필요한 이웃을 위해 나는 과연 무엇을 할 수 있을까?”라는 질문을 스스로에게 던져보기를 기도한다. 나는 이웃을 도울 수 있는 자신만의 특별함이 누구에게나 있다고 믿는다. 내 글을 읽는 당신에게도 말이다. 누군가를 도우며 살기에는 지금 당장 내 시간이, 내 돈이 손해보는 것 같지만 이웃을 돕고 함께 더불어 사는 삶은 결코 손해되는 일이 아니라는 것은 우리 부모님의 삶에서 이미 증명되었고, 나의 앞으로의 삶에서도 증명될 것이다.

마지막으로 이 말을 꼭 해야 할 것 같다.
“영어야! 고마워.”

미국 SAT 스타강사 알버트 쌤의

미국식 찐 영어

초판 1쇄 인쇄일 | 2021년 2월 22일
초판 1쇄 발행일 | 2021년 3월 10일

지은이 | 이진구
펴낸이 | 신난향
편집위원 | 박영배
펴낸곳 | (주)맥스교육(맥스미디어)
출판등록 | 2011년 8월 17일(제321-2011-000157호)
주소 | 서울특별시 서초구 마방로2길 9, 보광빌딩 5층
전화 | 02-589-5133(대표전화)　팩스 | 02-589-5088
홈페이지 | www.maxedu.co.kr

편집 | 임채혁
디자인 | 이선주
영업·마케팅 | 백민열
경영지원 | 장주열, 박종현

ISBN 979-11-5571-733-2 (13740)